本书系肇庆学院"应用型本科高校《法律文书写作》课程教学改革"高等教育教学教改项目阶段性成果，由肇庆学院创新强校工程"应用型人才培养试点学院经费"资助出版

# 转型与嬗变

## 地方本科院校法学专业法律文书
—— 写作课程教学初探 ——

王超杰／著

中国出版集团
世界图书出版公司

# 图书在版编目（CIP）数据

转型与嬗变：地方本科院校法学专业法律文书写作
课程教学初探 / 王超杰著 . -- 广州：世界图书出版广
东有限公司 , 2016.11
　　ISBN 978-7-5192-2201-7

　　Ⅰ . ①转… Ⅱ . ①王… Ⅲ . ①法律文书－写作－中国
－教学研究－高等学校 Ⅳ . ① D926.13

中国版本图书馆 CIP 数据核字 (2016) 第 294823 号

**转型与嬗变：地方本科院校法学专业法律文书写作课程教学初探**

ZHUANXING YU SHANBIAN：DIFANG BENKE YUANXIAO FAXUE
ZHUANYE FALV WENSHU XIEZUO KECHENG JIAOXUE CHUTAN

| | |
|---|---|
| **著　　者** | 王超杰 |
| **策划编辑** | 赵　泓 |
| **责任编辑** | 汪再祥 |
| **装帧设计** | 余思琪 |
| **出版发行** | 世界图书出版广东有限公司 |
| **地　　址** | 广州市海珠区新港西路大江冲 25 号 |
| **邮　　编** | 510300 |
| **电　　话** | 020-84459702 |
| **网　　址** | http://www.gdst.com.cn |
| **经　　销** | 新华书店 |
| **印　　刷** | 虎彩印艺股份有限公司 |
| **开　　本** | 787mm×1092mm　　1/16 |
| **印　　张** | 11 |
| **字　　数** | 180 千 |
| **版　　次** | 2016 年 11 月第 1 版 2016 年 11 月第 1 次印刷 |
| **书　　号** | 978-7-5192-2201-7 |
| **定　　价** | 38 元 |

# 地方新建本科院校转型及司法改革背景之下的《法律文书写作》课程教学浅谈

中国法学会诉讼法学研究会副会长 王铭宇教授

2008 年金融危机以来，国际经济形势的变化和实体经济的回归对经济发展、人才培养提出了新的挑战。我国曾为"制造大国"，然而，随着我国土地成本、人力成本的上升，成本优势逐渐丧失，低端制造业市场正加快向成本更低的东南亚国家转移。因此，加强高层次技术技能人才培养，实现从"人口红利"到"人才红利"的转化，是我国在国际制造业竞争中获胜的关键。同时随着经济的转型升级、腾笼换鸟，经济发展出现了新常态，高层次技术技能人才的数量和结构远不能满足市场需求，"高级技工荒"难题凸显；另一方面，高等教育的同质化发展，造成高校毕业生就业困难。因而，调整高等教育结构，推动高等教育多样化发展，促进人才培养结构与市场需求的匹配度，已成为当务之急。

在我国现行高等教育体系中，研究型大学和高职（专科）院校的定位相对明确，而地方普通高校作为夹心层，定位常有"高不成，低不就"的困惑，其中尤以地方新建本科院校为典型。截至 2012 年，我国共有新建本科学校 646 所，超过普通本科高校总数的 50%，2012 年培养的毕业生占全国非"985"、"211"普通本科高校的 45%，已经成为本科人才培养的重要力量。因此，推动这类学校向应用技术类型高校转型，将极大地推动我国高等教育结构的优化，推动我国现代职业教育体系的构建，最终服务社会经济发展。但由于种种原因，地方本科院校的转型还存在很多困难，我国教育体系顶层设计的欠缺、现行评价机制的制约、现行政策制度的制约等外部制度因素之外，学校内部原因主要有：一是办学理念上，部分院校还没有明确往应用技术类型高校发展才是学校的出路；二是学科与专业设置，新建本科院校的学科和专业设置趋同性过高；三是学校课程体系改革力度不大，课程体系建设是转型高校未来走内涵发展道路的核心，但当前多数新建院校的课程设置较为陈旧，与传统的"学术型"课程体系区分度不明显，也与市场需求不相匹配；四是教师队伍结构不合理，从我们调研来看，多数学校"双师型"结构教师比例在 30% 以下；五是校企合作难以深入，学校与企业签订合作协议框架较多，但实质性合作不强，不少还停留在表面。

为贯彻落实《国家中长期教育改革和发展规划纲要（2010—2020 年）》，加快现代职业教育体系建设，提高服务区域经济社会发展的能力水平，《国务院关于加快发展现代职业教育的决定》和《现代职业教育体系建设规划（2014—2020 年）》于 2014 年颁布，教育部引导和推动地方本科院校向应用技术类型高校转型发展，于是乎高等教育改革再次成为人们关注的焦点。当前，我国经济社会正处于产业转型升级、公共服务快速发展的历史阶段，需要大量的高层次技术技能型人才。这一重大举措，对在打造中国经济升级版、高等教育大众化背景下探索建设中国特色的应用技术类型高校、推动高等教育分类管理具有重要的理论和实践价值。

与此同时，步入深水区的司法改革对高校法律文书教学也提出了新要求，尤其是十八大以来，司法改革鼙鼓频传。

十八届三中全会通过《中共中央关于全面深化改革若干重大问题的决定》，将推进审判公开和推动法院生效裁判文书公开作为深化司法体制改革的一项重要内容。

2013 年 11 月 27 日，最高人民法院在深圳市召开全国法院司法公开工作推进会，就全面推进审判流程公开、裁判文书公开和执行信息公开三大平台建设进行动员部署，并于 28 日发布《关于人民法院在互联网公布裁判文书的决定》，彰显了人民法院深化司法公开、打造阳光司法的坚强决心。

十八届四中全会会议精神和最高人民法院"四五改革纲要"也为裁判文书改革指明了方向。经中央全面深化改革领导小组审议通过，2014 年 2 月 24 日中共中央办公厅、国务院办公厅印发了《关于贯彻落实党的十八届四中全会决定进一步深化司法体制和社会体制改革的实施方案》。《实施方案》提出了进一步深化司法体制和社会体制改革的目标任务，并绘就了改革的路线图和时间表，是自四中全会决定公布以来首个印发的专门领域贯彻落实四中全会决定的文件。

《实施方案》构建了分类分层有序推进司法体制和社会体制改革的整体布局。对条件成熟、难度不大的改革举措，要求加快推进、早见成效；对重大改革、尚不具备全面推进条件的，要求先行试点，积累经验后再全面推开；对情况复杂、牵涉面广、条件暂不成熟的，要求抓紧研究论证，尽早拿出改革方案；对需要修改法律或得到立法机关授权的，按照法定程序办理。根据这个思路，2015 年已经全面启动各项改革工作。

方案中有关进一步深化司法体制和社会体制改革的有 84 项，主要体现在保证公正司法提高司法公信力、增强全民法治观念、推进法治社会建设以及加强法治工作队伍建设三大方面。司法改革走入纵深的标志，该方案亮点之一是推进以审判为中心的诉讼制度改革。《实施方案》第 23 项提出，推进以审判为中心的诉讼制度改革，对事实认定、证据采信、法律适用的标准最后都要落实到审判环节中，这是现代法治文明和司法程序正当性的必然选择。人民法院将从以下几个方面推出和完善相关改革举措：

第一，全面推进审判流程公开、裁判文书公开、执行信息公开三大平台建设，让司法权在阳光下运行。第二，修订人民法院法庭规则，为律师依法履职提供便利。第三，在对案件进行繁简分流的前提下，加强裁判文书释法说理，增强裁判文书说服力，同时进一步完善生效裁判文书网上查询检索、信息聚合功能，方便公众依法有效获取、查阅生效裁判文书信息。第四，为诉讼权利受到不当限制或者非法侵犯的当事人及其诉讼代理人提供畅通的救济通道，完善诉权救济机制。

法律文书写作应该是法律人的基本功，也是法律得以在实践当中运用的最基本前提。它是经济活动的载体，法律思维的产物，正在日渐被广泛和普遍地应用于中国司法实践和商业活动当中。肇庆学院作为以教学为主的地方本科院校，在处于转型的十字路口，如何精准定位，摒弃应试型、封闭式的教学方式，倡导高水准、严要求的实战型实践教学，构建应用型、开放式、多层次、多环节的实践教学模式，通过提供更真实、更近于实践、更系统和全面的训练，把研究型大学经院式的法学教学变成能动的生动活泼的教学模式，大有文章可做。而对《法律文书写作》课程而言，结合广东的实际，创新课堂教学的理念，改革课堂教学的方法，改革实践教学模式，加大实践教学比例，拓宽法学实践教学渠道，进而加强法律文书的课程建设研究，重新建构高素质应用型法学人才培养的目标和课程体系，善莫大焉。

是为序。

# 在岁月的歌声中，动自己的感情

　　一个邂逅，半个偶然。来肇庆学院工作，屈指算来已经 10 余年了。于年轻人，三年五载就可以是一生一世，于不惑的我，十年八年都好像在指缝之间。时光流逝带不走的是许多美好记忆，它令人流连，也催人奋发。

　　十年树木，百年树人。教师的责任是基于正当性传授作为知识的信息以为他们所用。苏格拉底说："美德即是知识。"我一直在思考这句话，并引领同学们认知斯言尤其在当代的价值。生活也好，生命也罢，缺点与不足总是难以避免，它是自然的成分；作为一个教师，能够将生活、生命之整体真实表述与同学们，与其共同探寻进步、向上之精神、力量，显然有需要超脱于现实之困难，也需要战胜这种困难的信心、勇气，这必将成为我致力之目标及人生之信条。没有谁有资格说生活、未来将赐予同学们什么，时代命运为他们所掌握。

独立思考是大学生应予培养的首要的能力，它是一个循序渐进的过程，而且从一年级起即应着手这方面的发掘。无论从生活处着眼，还是就工作、事业而言，它都是成人的基础能力，也是当代中国谋求创新、不断进步的不竭动力所在，而无所谓学科分别。与效益相联系的是企业，而大学之所以为大学首先在于其追求具有相对独立于社会、国家的思想、科学的思想，而不是仅仅停留在灌输既有思想的技术层面。

我长期从事法律文书写作课程的教学。法律文书写作作为实践性、概括性、综合性很强的课程，要真正讲授较为透彻并不是一件容易的事情，它断然不是照本宣科、熟练法条所能摆平：不仅承接过去、立足现实、面向未来，而且立足法学，关照社会，涉及普遍。三百五十页厚重的讲稿涵盖许多具体、典型的案例，不仅做到了准确、全面，而且紧密联系中国实际。可以确信，讲稿不仅成为我充实的记忆，业已成为课余写作的重要根据。

授课过程中，我深深体会到它在法学教育知识结构中的重要性、必要性，因此，备课、授课也就十分认真进而自己也培养出浓厚的兴趣。"学而时习之，不亦乐乎？"从中我也得到了提高，越发地享受到了知识的乐趣。

大学是一个伟大系统工程，一个承继光荣传统、不断推陈出新的伟大系统工程。作为一名普通大学教师，对民族、国家、社会的教育的责任感促使我时时提醒自己，远离市井、淡泊名利，与同学们、也与广大同仁朋友们，致力于健全思想的培养、美好心灵的塑造，但并不游离于现实生活。学以致用、教学相长等等，这些催生教育、寓于教育的思想，在长期的教学工作之中，我深深地体会到了并将继续领悟、发掘与创造。我深信，即使不能桃李满天下，那么，不误人子弟也是一种心灵的善。

针对现实，我深信不疑地认为，一名教师对于学生头脑的影响，可以是即时的，也可以是面向未来的。具备一个好的、懂得尊重别人的品格，有着丰富的生活阅历，长期的作为司法活动的经验，以及纯正、深厚、广阔的专业、专业外的知识，对于教学和研究是多么的重要、宝贵、不可或缺。这些也成为我坚持原则、迎难而上、捍卫正当性并拒绝猥琐的不竭动力、坚强柱石。

就大学教师而言，教学与科研二者均不可偏废；只有这样，二者之间才能够相得益彰，进而实现一名大学教师的不断自我超越。教学与科研均可以是一般性的，比如，忠实于教材和在此基础上由与教学相关的心得而就的文字；如果能够通过创造性的工作，不唯书，不唯教学，理论联系实际，在对广阔现实生活的思辨之中从事教学、研究，无疑是一个高的要求，高的标准。它当然附带地有助于至少优秀学生思考能力的发掘，并对开拓优秀学生的视野有诸多裨益，研究型大学与教学型大学不是截然分开的。

每当一个学期结束的时候，我能够充分感受到来自很多同学的真诚的目光，这就够啦——那是我早已习惯了的不变的偏爱！令我倍感欣慰的是，生活中总有一些看上去严肃的东西实则是无谓的。10年过去了，有的是流连，有的是喜悦，有的是感激，尽管夹杂些许日渐式微的惆怅，很多事情注定很快随风而去。

每个人都在岁月的歌声中，动自己的感情。经常听的歌曲《绿岛小夜曲》萦绕在我的耳际、涤荡着我的心灵、凝固了遥远的遥远——那里是我不尽也永远的思念。真的很美。是凛然、傲然之美，自然也是豁达、沉醉之美！迟子建在《群山之巅》写道："一世界的鹅毛大雪，谁又能听见谁的呼唤？"

"大舜为善鸡鸣起，周公一饭凡三止。"古有匡衡凿壁，车胤囊萤，愚生也晚，唯笨鸟先飞日就月将不敢懈怠。俚语云愚者千虑必有一得，从教之余曾经将理论与实践之间的若干问题会诸笔端，散发于《写作》《应用写作》《秘书》《秘书之友》等杂志，兹将诸法律文书教学心得连缀成篇锱铢成书，权当野芹之献。

是为自序。

# 目　录

## ◎ **附录 / 137**

## ◎ **参考文献 / 157**

# Part 1

理论篇

# 法律文书发凡

毋庸讳言，法律是人类文明发展到一定阶段的产物，同时也是人类文明进步的重要标志。在上层建筑的所有要素中，法律一直处于优先甚至核心的位置。法律文书的产生，有赖于两端，一则相对完整的法律体系，二则成熟的文字系统。在人类的一切进步中，文字的出现无疑是巨人般的一步。早期的文字都是用来做记录、计数、金钱、法律、贸易、雇佣等等，这些便是早期写作的内容。大航海时代之前世界上只有部分地区拥有文字，大多数地区在历史上的大部分时期并没有发展出文字。书写是人类在发展后期才达到的成就，直至近代，即使一些文化程度较高的社会，在记录自己的生活时，使用的载体亦然不仅有文字，也包括物品。最能清楚的表现文字历史与非文字历史不对称的例子莫过于英国库克船长的探险队与南太平洋岛屿土著的初次相遇，英国方面留下了翔实的科学记载及船长日志，而在澳大利亚方面，他们仅有一面木制盾牌，那是一名男性在初次遭遇枪弹时仓皇撤退时留下来的。

法律文书具有法律、写作双重属性，法律属性是其根本属性，写作属性对法律属性具有反作用，法律文书体现正义价值（实体正义、程序正义）、效益价值和秩序价值[1]。通过文献解读历史是人们熟知的方式，文字是彻头彻尾的行政系统的产物，甲骨文已经是比较成熟的表意文字系统，距今已经 3000 余年，鉴往知来，对现实司法程序技术影响最大之一端当属司政合一的审判制度和重实体轻程序的纠纷解决理念，作为程序技术的法律文书重视的是体现纠纷裁决结果的判决书，在古代很长的时间内统称判词，法律文书的历史沿革在一定意义上也就是判词的历史演变过程[2]。

# 一、楔子：中国古代精妙判词赏析[3]

古代法律怎样实施，法官如何审案，我们只能通过一些历史资料、文学影视作品来间接地感知，通过这些途径反映出来的历史往往有很强的主观色彩。历史无法还原，而古代的判词，则是证明古代司法官作出判决的内容和当时的司法观念的直接而确凿的证据，它能让我们直接地看到和感受历史。在所有的法律文书中，裁判文书可以说具有核心地位，它山之石，可以攻玉，古人所留下的精妙判词对我们现代制作法律文书仍有一定的借鉴意义。

我国奴隶社会、封建社会"刑主民辅"的法律体系已相当完备发达，流传下来的一些判词也能体现出当时法律的完备。比如案件的受理，司法官对于一些小是小非一般不受理。清代樊增祥《批章忠孝呈词》中就有"左臂铁尖伤一点，不过米大也，值得打官司乎？尔真不是东西。"在《批陶致邦呈词》中批示："胡说八道，尔之妻女不听尔言，反要本县唤案开导，若人人效尤，本县每日不胜其烦矣。不准。"法官认为证据不足也不予受理诉讼。《批抱告王升秉词》中，也是因为"捉贼未见赃"，即证据不足，而没有受理："尔

---

[1] 赵朝琴著：《司法裁判的现实表达》，法律出版社，2010 年。

[2] 周萍主编：《法律文书学》，法律出版社 2012 年第 1 版。

[3] 本部分内容曾经发表于《秘书》《秘书之友》诸杂志。

主在店失物，即请追店主；若在衙署失物，必请追东家矣！语云：捉贼见赃。究竟你的师爷曾否看见店家偷窃否？著明白禀复，此秉不准。"

总而言之，古代判词表现出如下特点：

**第一，判词非常讲究逻辑推理以及文章风格。**

在以文章取士的时代，能够出任官职的人通常熟读四书五经，满腹经纶，文采斐然，有着深厚的文化素养，加之法制观念相对淡漠，司法官员具有相当的独立性，判词写作秉承"天理、国法、人情"，层层分析，详细辨明，富有文采，有话则长，无话则短，显示古代司法官的博学。有些判词，引经据典，斟酌情理，自由裁量，即兴发挥，大量引用经诗名句以及杂记小说之言，对事实、理由进行叙述论说。

判词《逼嫁事》，几乎句句有引据，事事有出处。案情大致是这样的：生员尚鼎之女名叫二女，曾与何挺有婚约。但过了10多年，仍未见何挺聘娶，于是尚鼎又将25岁的二女许配给孔弘祖为妻。此时，何挺状告尚鼎和二女，要求解除二女与孔弘祖的婚姻。经过审理后，判处二女归孔弘祖，对尚鼎的过失给予"薄罚"。这个案件的判词，不仅大量引用经史杂记中的典故名句，而且使用多种文学的表现手段：明喻、借喻等修辞格，反语、讽刺、反诘句等手法以及骈体句的穿插等，增加了判词的文学色彩，寓理性于形象之中，既有文学色彩，又不弱化它的司法功能；既文采斐然，又符合判词要求的高水准。

明朝末年凌濛初编著的《初刻拍案惊奇》第十三卷《赵六老舐犊丧残生 张知县诛枭成铁案》中，讲了一个儿子深夜打贼误杀父亲，本来杀贼可恕，但却因不孝当诛而被判死罪的故事。某地有一财主赵聪，甚为富有，与其父赵六老分开生活。一天夜里，一人在墙上钻洞，爬进财主家，被家人发现，一阵乱棒，活活打死。待到举灯一看，被打死的贼子竟是财主的父亲！报官后，当地有关官员觉得甚难判决：儿子打死父亲，本应判死罪；而当时只知道是贼人并不知是其父，按理又不应判死罪。知县张晋判道："杀贼可恕，不孝当诛。子有余财，而使父贫为盗，不孝明矣！死何辞焉？"随即将赵聪重责四十，上了死因枷，押入死牢。

清代郑板桥任山东潍县县令时，曾判过一桩"僧尼私恋案"。一天，乡绅将一个和尚和一个尼姑抓到县衙，嘈嘈嚷嚷地说他们私通，伤风败俗。原来二人未出家时是同一村人，青梅竹马私订了终身，但女方父母却把女儿许配给邻村一个老财主做妾。女儿誓死不从，离家奔桃花庵削发为尼，男子也愤而出家。谁知在来年三月三的潍县风筝会上，这对苦命鸳鸯竟又碰了面，于是趁夜色幽会，不料被人当场抓住。郑板桥听后，动了恻隐之心，遂判他们可以还俗结婚，提笔写下判词曰："一半葫芦一半瓢，合来一处好成桃。从今入定风归寂，此后敲门月影遥。鸟性悦时空即色，莲花落处静偏娇。是谁勾却风流案？记取当堂郑板桥。"

**第二，古代判决写作非常严谨慎重。**

《清朝名吏判牍选·张船山判牍》中有这样一个判决：

"陶文凤者，涎弟妇丁氏美貌，屡调戏之，未得间。一日其弟文麟因事赴亲串家，夜不能返。文凤以时不可失，机不可逸，一手执刀，一手持银锭两只，从窗中跳入丁氏房中，要求非礼。丁氏初不允，继见执刀在手，因佯许也。双双解衣，丁氏并先登榻以诱之。文凤喜不自禁，以刀置床下，而亦登榻也。不料丁氏眼快手捷，见彼置刀登榻即疾趋床下，拔刀而起。文凤猝不意，竟被斩死。次日鸣于官，县不能决，呈控至府。张船山悉心研审后，写下如下判词：审得陶丁氏戳死陶文凤一案，确系因抗拒强奸，情急自救，遂致出此。又验得陶文凤赤身露体，死于丁氏床上，衣服乱堆床侧，袜未脱，双鞋又并不齐整，搁在床前脚踏板上。身中三刃：一刃在左肩部，一刃在右臂上，一刃在胸，委系伤重毙命。本县细加检验，左肩上一刃最为猛烈，当系丁氏情急自卫时，第一刃砍下者，故刀痕深而斜。右臂一刃，当系陶文凤初刃后，思夺刀还砍，不料刀未夺下，又被一刃，故刀痕斜而浅。胸部一刃，想系文凤臂上被刃后，无力撑持，即行倒下，丁氏恐彼复起，索性一不做二不休，再猛力在胸部横戳一下，故刀痕深而正。又相验凶器，为一劈柴作刀，正与刀痕相符。而此作刀，为死者文凤之物。床前台上，又有银锭两只。各方推勘：委系陶文凤乘其弟文麟外出时，思奸占其媳丁氏，又恐丁氏不从，故一手握银锭两只，以为利诱；一手持凶刀一把，以为威胁。其持刀入房之时，志在奸不在杀也。丁氏见持凶器，知难幸免，因设计以诱之。待其刀已离手，安然登榻，遂出其不意，急忙下床，夺刀即砍，此证诸死者伤情及生者供词，均不谬者也。按律因奸杀死门载：妇女遭强暴杀死人者，杖五十，准听钱赎。如凶器为男子者免仗。本案凶器，既为死者陶文凤持之入内，为助成强奸之用，则丁氏于此千钧一发之际，夺刀将文凤杀死，正合律文所载，应免予杖责。且也强暴横来，智全贞操，夺刀还杀，勇气加人。不为利诱，不为威胁。苟非毅力坚强，何能出此！方敬之不暇，何有于仗！此则又敢布诸彤管载在方册者也。此判。"

这道判词先总说3刀的位置："一刃在左肩部，一刃在右臂上，一刃在胸"，接着用一句话"委系伤重毙命"，点名被害者的死因。然后用"本县细加检验"一句，承上启下，连续铺排了3个因果句，异常清楚地把前因和后果展现出来，因，是事实，果，是推论，有理有据，言明理足，叙述眉目极为清晰。作者一口气排出了6个4字句："强暴横来，智全贞操，夺刀还杀，勇气加人，不为利诱，不为威胁"，层层递进，接着，使用一个假设句，赞美丁氏具有非常坚强的毅力。最后，作者诚惶诚恐地表示，敬佩尚且不及，那里还敢杖责呢？行文至此，作者内蕴的感情直泻而出，充满了无比的喜悦之情和赞美之意。这道判词，体现出案件判决合情、合礼、合法，让人无可挑剔。古代司法官司法之认真、慎重，可见一斑。

### 第三，古代判词逻辑之严密、说理之透彻。

山东即墨县人曲培秋杀人后，用二两白银买通王桂林，以其子王小山顶凶。经审讯查明真相，依律判处曲培秋"斩立决"，对王桂林父子等人"一体准予免责"。判词中有这样的内容：

"若有钱可以买代，则富家子弟，将何所顾忌？皇皇国法，是专为贫民，而非为富豪设矣。有是情乎，有是理乎？千金之子，不死于世，此本乱世末流之行为，而非盛世圣朝之所应有。……夫使二百金可买一命，则家有百万可以屠尽全县。以一案而杀二命，其罪更何可恕！须知，前一杀尚出于一时愤恨，或非居心杀人。后一杀则纯为恃富杀人，有心杀人。误杀者，可免抵；故杀者，不可免也。"

短短几句话，把曲培秋一案而杀二命的犯罪性质、利害后果都说得一清二楚，对这种用钱买命行为的社会危害性，分析得透辟之极。"前一杀"与"后一杀"两句话语，前后对照，故杀与误杀的性质黑白昭然。"此本乱世末流之行为，而非盛世圣朝之所应有"一组对偶句，正反对比，将曲培秋行为的性质提到国家安危的高度。读此判词，让人觉得判处曲培秋"斩立决"，斩得合理合法，如果不斩则国法天理所不容。

另有一案，曾冠群曾任甘肃粮道，家财万贯，有 3 个儿子都已中秀才，分户而居，生活应是没有问题了。不想曾冠群病故后，枕头边有文具箱子一口，据说内藏古玩珠宝，可值 10 余万贯，三兄弟平日早就瞄上这口小箱子，只是一时不好下手。当父亲死时，老大、老二都不在场，老三把箱子扭开，将内里的黄白之物倾在怀中，从后花园匆忙溜走。待两个哥哥闻讯赶来，只有空箱子一口。二人不由大怒，急寻老三算账。老三装佯不认，于是兄弟 3 人相互揪扭到了公堂。袁子才一听 3 人诉说，不由大怒，他先不问箱子被谁打开，却立即要治 3 兄弟的不孝之罪，并写下判词道：

"父尸未寒，兄弟争产。空箱一口，黄白全无。兄弟三人，大打出手。投诉到庭，只说钱财。死人不守住棺材，活人却争夺遗物。枉为人子，全无一片孝心；枉为秀才，哪知半点礼义。先王治国，重在孝行；朝廷教民，首倡伦理。法律条条，不赦逆子；人言啧啧，辱没斯文。父母有病，衣不解带；父母之丧，痛哭流连。不料你们毫无人性，父死之后，竟操同室之戈；葬礼未办，居然兄弟内讧。争产一案，先行不理；忤逆之罪，却不能饶。先将你们拘押，革去秀才功名。为不孝子之炯戒。此判。"

本判词从伦理和法律出发，多角度层层论述三子无孝心，不懂礼义，违背法律，辱没斯文，毫无人性，是忤逆之罪，至此，判决革去秀才功名，自然是水到渠成。

第四，虽然古代判词大多刻板枯燥，但亦有不少语锋机巧，表现出官员的机智，令人忍俊不禁，从而得以领略官员不群的风采，看到很多精彩绝伦的判词。

北宋崇阳县县令张咏发现管理钱库的小吏每日都将一枚小钱放在帽子里带走，便以盗窃国库罪把他打入死牢。小吏认为判得太重，遂高喊冤枉。张咏提笔写下判词："一日一钱，千日千钱，绳锯木断，水滴石穿。"小吏无话可说。

南宋清官马光祖担任京口县令时，当地权贵福王强占民房养鸡喂鸭，反状告百姓不交房租，示意地方官代他勒索。官司到了衙门，马光祖实地勘验后，判决道："晴则鸡卵鸭卵，雨则盆满钵满；福王若要屋钱，直待光祖任满。"

明代时，一年仲春，湖南长沙农村两户农民的牛顶斗在一起，一牛死去，一牛受伤。两家主人为此大吵大闹，不可开交，当地的县令也难断此案。这天，两家主人听说太守祝枝山察访民情路经此地，便拦路告状。祝枝山问明情况，当即判道："两牛相斗，一死一伤。死者共食，生者共耕。"双方一听，觉得合情合理，于是争端平息，两户人家来往比以前更加亲密。

明朝代宗时，江西南昌宁王府饲养了一只丹顶鹤，为当朝皇帝所赐。一天，宁王府的一位仆役带着这只鹤上街游逛，不料被一户平民家饲养的黄狗咬伤。狗的主人吓坏了，连忙跪地求饶，周围的百姓也为之讲情。但那位仆役不顾众人，拉扯着狗的主人非要到府衙告状。状词上写着8个大字："鹤系金牌，系出御赐。"知府接状，问明缘由，挥笔判曰："鹤系金牌，犬不识字；禽兽相伤，不关人事。"判词堪称绝妙，给人入情入理之感，仆役无言以对，只得作罢。

明代天启年间，有位御史口才颇佳，一名太监心怀嫉妒，设法取笑御史，便缚一老鼠前去告状："此鼠咬毁衣物，特擒来请御史判罪。"御史沉思片刻后判曰："此鼠若判笞杖放逐则太轻，若判绞刑凌迟则太重，本官决定判它宫刑（阉割）。"太监自取其辱。

清朝康熙年间，福建泉州城外的风月庵中住有一位年轻貌美的小尼姑，该尼姑与一位姓孙的公子相爱，想还俗嫁给孙公子为妻，但又怕人说三道四。思前想后，便向州府呈状，请官府恩准。州太爷接状一看，觉得有些可笑，便在小尼姑的呈状上批道："准准准，准你嫁夫君。去禅心，超梵心，脱袈裟，换罗裙，免得孙（僧）敲月下门。"

清乾隆年间，一寡妇想改嫁，但遭到家人与邻居的阻挠，她就向官府呈上状子："豆蔻年华，失偶孀寡。翁尚壮，叔已大，正瓜田李下，当嫁不当嫁？"知县接状，挥笔判了一个字："嫁！"

能写出这样有文采的判词，这是由中国古代司特殊选官方式和司法、行政合一的体制决定。法官不是专门的法律人，文人与官员合一。这些官员从小就受经史子集、唐诗宋词的耳濡目染，熟读经书，一半是官僚，一半是诗人。依他们的才学，写出这样文采飞扬的判词，不足为奇。在历史上，正是那些伟大的立法家、司法家、法律著作家以及一批佚名的法律智者，依靠他们卓越的想象力为我们留下了大量"智若神明"的立法、"如诗如歌"的判决和"像闪电照亮大地"一样的法律原则，使我们沐浴在"法律明灯"的光辉里，免于在幽暗的法律世界中漫无目标地孤独徘徊。

但是，大厦有多高阴影就有多长，古代法官（行政兼理司法体制下的官员）以及讼师、师爷文书语言并不是现代意义上的法律语言，而是充满诗意的文学语言。就判词而言，官员通常在伦理方面对当事人进行说教，主观上并没有希冀在判决中确立先例和通用法律原则的动力。中国是一个农耕文明较发达的国家，农业文化是中国文化的主要内容，儒家思想是中国文化的主流，社会治理的手段是礼制，中国古代没有孕育出现代的司法职业和法律思维模式。科举考试造就了文人或诗人治国，明末西方传教士利玛窦就注意到中国与西方在政府机构和国家组织方面的差别。与西方不同，在中国大量深谙哲学的官吏行使着国家权力。"标志着与西方一大差别而值得注意的另一重大事实是，他们全国都是由知识阶层，即一般叫做哲学家的人来治理的。""擅长于伦理学的人，其智慧受到极高的尊敬，他们似乎能对任何问题做出正当的判断，尽管这些问题里他们自己的专长很远。"[1]法律文书中像"狗急跳墙"、"丧心病狂"、"禽兽不如"等道德审判的痕迹至今犹存，像"移干柴近烈火，无怪其燃；以美玉配明珠，适获其偶"这种充满诗意的文学语言，使法律文书失去了它应有的理性和严密[2]。现实的中国立法速度在加快，完备的法律体系已经初步建立，法律文书的功能只有置身于现代法律文化之中，才会有生命力和发展前途。古代判词所体现的功能与风格，也在一定程度上昭示我们，可以将法律文书尤其是裁判文书创造的更加精美和奇妙，应当具有人性化特点和体现人文关怀精神，将制度性法律文化与观念性法律文化相融合，实现法律文化与法律条文的整合，从而促进社会法治治理功能的实现。

---

[1]〔意〕利玛窦，〔比〕金尼阁.利玛窦中国札记.何高济，王遵仲，译.桂林：广西师范大学出版社，2001：44

[2]周萍主编：《法律文书学》，法律出版社 2012 年第 1 版。

# 二、中国法律文书发展流变

中国人素来看重历史，曾经创造了灿烂的人类文明。中华民族历史悠久，中华法系独具特征，也最善于站在历史的高度面对未来。仅就法律文书而言，其发展史蔚为巨观。

1975年陕西省岐山出土的青铜器上铸有《朕匜铭》，共175个字，记载了西周晚年的一起诉讼案件。一个叫牧牛的下级官吏和他的上级诉讼。铭文中引述了法官伯扬父对牧牛的判决，判决叫"劾"，制作判决书称为"成散"，"伯扬父乃成散"。此乃迄今为止考证到的最早的判决书，关于定罪科刑、本刑当如何、减刑后如何，都极有分寸，已经包含礼法结合、刑教相补的法律原则，是我国早期司法活动的生动记载。

同年于湖北省云梦睡虎地发掘的秦简《封诊式》堪称法律文书的结集，内含23件文书系战国末期秦国墓葬品。其中，《贼死》《经死》《穴盗》等3例勘查笔录，制作水平已达相当高度，文字说明详细严谨，选词用语恰当得体，还有比较规范的结构程式：先标题，后爰书（法律文书程式），其中的《经死》（吊死）大意如此——

勘查笔录：某里的典甲说："本里人士伍丙在家中吊死，不知道什么缘故，前来报告。"当即命令令史某前往检验。令史某如实记录：本人和狱卒某随甲、丙的妻、女对丙进行了检验。丙的尸体悬挂在他家中东侧卧室靠近北墙的房椽子上，面向南，用拇指粗的麻绳做成套，束在颈上，绳套的系束处在颈后部。绳索上面系在椽子上，绕椽子两周后打成死结，留下绳头有二尺长。尸体的头部上距房椽二尺，脚离地面二寸，头和背贴近墙，舌吐出与嘴唇齐，流有便溺，玷污了双脚。解开绳索时，尸体的口鼻中排出气体，像叹息的声音。绳索在与身体接触处留下了瘀血的痕迹，只差颈后两寸即到一周。其它部位经检查没有发现兵刃、木棒、绳索的痕迹。椽子粗一围，长三尺。西边地面上有土坎高二尺，站在土坎上面可以系挂绳索。地面紧硬，不能查知人们的足迹。绳长一丈。（死者）身穿络制的短衣和裙各一件，赤脚。当即命甲和丙的女儿把丙的尸体运送到县府。

两汉时代法制有了较大发展，实行州、郡、县三级司法体制，逐级上告。

起诉后经过"鞠狱"（审讯）、"断狱"（判决）、"读鞠"（宣判）、"乞鞠"（上诉）等程序，并均有相应文书。汉代判例多，其中除了依据律令断案的法律文书外，汉武帝罢黜百家独尊儒术，法律与礼教结合，法律服务于礼教，大儒董仲舒依据儒家经典断案，形成《春秋》决狱体制，请看他的一则判例：

> 时有疑狱曰：甲无子，拾道旁弃儿乙养之，以为子。及乙长，有罪杀人，以状语甲，甲藏匿乙，甲当何论？仲舒断曰："甲无子，振活养乙，虽非所生，谁与易之？诗云：'螟蛉有子，虫果赢负之'。《春秋》之义，父为子隐，甲宜匿乙而不当坐。"[1]

该判词即以儒家经义为断案的依据，论证充分，叙事简炼，足以说明汉代的法律文书制作技巧又得到了提高。

言及秦汉法律文书不得不提及简牍，文字刻于竹曰简，刻于木曰牍，作为中国古代文字的载体，始于春秋战国或更早，盛于秦汉而衰于魏晋，先后使用了 3 千余年，因而留下了辉煌的文献资料，成为中国文物宝库中极为珍贵的宝藏。在商周青铜器之后、纸张发明和推广之前，简牍是中华民族文化传播和承载的重要工具，在中国封建文化的奠基时期起着重大作用，对中华文明的发展和壮大作出了不可磨灭的贡献。我国东汉发明造纸术，但到了魏晋时期纸张依然昂贵无比，王隐曾经因为无纸著书而"书遂不就"，干宝著《搜神记》时曾经上表："臣前聊欲撰记古今怪异非常之事，会聚散佚，使自一贯，博访知古者。片纸残行，事事各异。又乏纸笔，或书故纸。"诏答允："今赐纸二百枚。[2]"战国时期简牍（公元前476-公元前221年）、秦代简牍（公元前221-公元前206年）保留了大量古代法律文书资料。汉代（公元前206-公元220年）是简牍使用的鼎盛时期。这一时期的简牍发现的地域更广泛，数量更庞大，内容更丰富，影响更深远。以1900年新疆于阗、楼兰遗址发现的汉晋简牍为先声，至1949年，中国简牍发现的地点集中在西北地区，其数量较多，保存也较完善。2002年在湘西土家族苗族自治州龙山县里耶古城的一口古井中发掘出来数千完整的秦代简牍，内容多为官署档案，涉及当时社会政治、经济、军事、法律、民族、邮政、贸

---

[1] 程树德《九朝律考》，中华书局 1963 年版，第 164 页。
[2] 苏易简：《文房四谱》，中华书局 1933 年版，第 104 页。

易等各个层面，是截止2012年以来发现的唯一一部大秦帝国的编年史，被誉为21世纪以来中国考古学上的"最伟大发现之一"。不但是一本秦代的百科全书，更为我们了解秦代历史，提供一个百科全书式的实录，提供了一个全息式的思维空间。

魏晋南北朝系中华历史上的大分裂、大融合阶段，沿袭汉代春秋决狱笔法制作判词，法律文书并无较大变化。

隋朝开创、唐朝正式确立了科举制度，判词这一文体已不仅仅是记述审判活动的文书，而且还是铨选官吏的必需科目之一。"三十老明经，五十少进士，"依照唐代选官标准，士子通过礼部试，进士及第后，不直接授官，须再通过吏部选官一关。《新唐书》之《选举志下》记载标准有四："身：体貌丰伟。言：言辞辩证。书：书法遒劲。判：文理优长。"其中"判"要求士子写作策论三篇谓之宏辞，判决三篇谓之拔萃。凡试判登科谓之"入等"，其拙者谓之"褴褛"。因此能否有效地掌握、运用法律文书的写作主旨和技巧，能否达到制判要求，是统治者选拔人材的标准之一，因而唐代文人学士也常有判词（拟判）付梓并进而影响后世。他们在饱读诗书经义的基础上，论案析理，赋予判词语言以文学的形象性。比如唐代白居易等留有拟判多篇，宋代以来有实判专集，明清还有诉状专集。但是唐宋时期常以文学语言与手法制作判词，重视文采丽偶，以至自唐以来，科举考试中"判"这一科目，一直为骈判所垄断。到宋代中后期，经过古文革新运动，渐渐摆脱骈体的羁绊，起用散体。到了明代，朱元璋厌恶繁文缛节，制作判词要求以"简当为贵"，即文理清楚，言辞简炼，引律恰当，判决公允，冲破了骈四俪六的形式束缚，形成了以散判为主骈散结合的判词体式，但是仍然保留着文学语言的特征，使判词语言风格呈现出一定程度的形象性、情感性，明朝末年李清的《折狱新语》判词专集便是一典型代表。判词发展到明清时期，不仅出现了专集专论，数量和质量也都达到高峰，可以说明清时代是判词的成熟时期。清人于成龙、张船山、陆稼书、樊增祥等人，都是坚持用散体制判的大手笔，其流传当代的判词是今人研习借鉴的宝贵资料。

我国历代重视文章的写作，三国曹丕曾经在《典论》中说："盖文章经国之盛事，不朽之大业。是以古之作者寄身于翰墨，见意于篇籍，不假良史之辞，不托飞驰之势，而声名自传于后。"法律文书的理论研究和写作研究亦然，《周礼》就有"凡有责（通债）者，有判书以治则听"，"掌万民之判"的记载，此处判书主要是指具有司法文书性质的"券"，基本说明了司法文书治理社会纠纷的作用。巨著《文心雕龙》之《书记》篇所列举的"律者"、"契者"、"券者"等，都属于法律文书的范畴。明季文体专家吴讷在《文章辩体》、徐师曾在《文体明辩》中就已经把判词列为专门的文体，说明封建社会的法律制度已经逐步走向成熟，法律文书的地位也随之提高，得到重视。

司法官员之外，漫长的封建社会中运用法律文书较多的还有两个职业，一则师爷，二则讼师，前者生活于衙门，后者活动于民间。

中国是文官制度最早得以发展的国家，至少在战国时期已经形成了完整的职业官僚制度，公文制度也极其详密。云梦睡虎地秦简中就可看到，官文书体系庞杂，有专门处理文书往来的"令史"。

汉代中央及地方各级政府都设有"主簿"，顾名思义，就是主管文书簿籍的官员。以后主簿地位日渐重要，为唐宋时期各州最主要的幕职官。明清时期仍有主簿官职，可是却名不副实——明代规定主簿与县丞一起掌管"粮马巡捕"，清代规定主簿与县丞同掌"粮马、征税、户籍、缉捕诸职"。明代原规定县典史专掌"文移出纳"，可实际上由于主簿不常置，典史代主簿掌"粮马缉捕"，以至被尊称为"县尉"。清代又规定典史专掌"监狱缉捕"。

除了以官员主管文书簿籍外，宋元时期又设专门的书吏处理公文的出纳，称为"孔目"。《资治通鉴》注："孔目官，衙前吏职也，唐世始有此名，言凡使司之事，一孔一目皆须经由其手也。"明清时期并无这类专门书吏，仅朝廷翰林院才设有孔目，地方衙门六房书吏并没有专门管理文书出纳。正因为如此，州县官员才要请一位综合处理分发各类公文、为文书处理穿针引线的幕友。这类幕友叫"挂号"，也称"号友"、"号件"。

挂号师爷的职责是汇总、分发、登记所有出入衙门的公文，分门别类的纪录去向、处理期限。要登记的公文包括各方呈控的诉状，各乡各村报案的陈述，请求验伤验尸的呈文，上司发下的各项指令，临近州县平行移送来的照会、关文，本衙门下达的文告，签发的各类牌票等等。对于各项公文的登记，除登记公文号目外，还要对上司发下的公文、民间呈控的状词及其批语等摘录事由、案由登记在案，作为档案目录，以与各房书吏保存的档案原件对照。

挂号师爷的职责是相当繁杂的，一般要登记的号簿有：悬牌示簿、上宪公文簿、平行移文簿、摘登要件簿、摘登旧案簿、报解钱粮簿、新旧呈词簿、朱单内票簿、新票号簿、递解人犯簿等十几种。

清代行政法规制度细密如凝脂，每一桩公事都定有严格的期限，如果官员处理公文逾限，就算犯下"公罪"，要处降级、罚俸，甚至革职罢官。即以司法审判事务而言，寻常人命案件，州县官员限在案发 3 个月内破案并初审完结，知府限在一个月内复审完毕，省按察使、督抚各限一个月内复审完毕，上报中央刑部。盗劫案件、情重命案、抢夺、盗墓之类的大案及徒刑案件，州县官员限在两个月内预审完案上报，府、司、督抚各在 20天内复审完毕。

重大犯罪如卑幼杀期亲尊长、子孙违犯教令致使祖父母父母自尽、属下百姓杀死直属长官、妻妾谋杀本夫、奴婢殴杀家主等等案件，州县官员必须在一个月内初审完案上报，府、司、督抚各限十日内复审上报。州县官员审理自理词讼，则限在 20 天内结案。以上期限如逾限一个月内，就要罚俸 3 个月，一个月以上，要罚俸一年，逾限一年以上，就要查参革职。

挂号师爷的一个重要职责，就是登记公文出入的日期，并计算期限，催促相关的师爷、书吏把握时间办理，以防公事逾限。而州县官员要应付的各类公文、公务千头万绪，肯定会顾此失彼，记不住所有公文的期限，这时就全凭挂号师爷提醒了。挂号师爷要妥善安排各项应由东家签发的文件，使官员能在期限内处理完毕。另外，遇上官生日、喜庆之事，挂号师爷也要提醒主人及时送上孝敬、禀帖。

挂号师爷在幕中的地位仅次于刑名、钱谷师爷，且往往是由刑、钱师爷引荐而来。在衙门中，挂号师爷就像现代政府机关里的办公室主任或秘书长之类的角色，对此清代政府是公开认可的。例如《钦颁州县事宜》中就特意提到挂号师爷的重要职能："挂号一事，多视为末节，不知州县公务头绪繁多，凡一应正杂钱粮、文移牌票，各宜立簿稽查，俱须登记明白，乃百事之条目、庶务之纲领也。必择其熟练精细者，为之职掌，分门别类，眉目毕清，然后事之应行、应复、应比、应催者，一览可查，均得依期完结，按限督销。而书役混蒙之弊，技无所施。挂号一项，又不可不重其事也。"

此外，幕中同事也要尊敬挂号师爷。《幕学举要·总论》说："登记号件，似易而实难，似轻而实重。叙由简明，人人所能，惟以摘催而不使弊搁，查限而不致追违，或一事而分手两办，或一人而原、被异批，逐一厘剔校正，斯足以助刑、钱之不及，非但职司证注而已。必厚其修脯，择力余于事者，始克展布裕如。倘以为无关轻重之任，不能择人，则废事良多矣。"

值得注意的是，到了清末，公文愈益繁细，衙门里的职司也愈分愈细，挂号一职除挂号师爷外，长随中也出现了"挂号"、"稿案"、"签押"之类的名目，专管登记、分发公文。

世界上的不同文明都在演进各自的社会管理模式，其影响持续千年，如日之升，如月之恒。3千年前，从地中海到太平洋，世界正发生着根本性的变革，军事、政治和经济的巨变带来了一些至今仍能引起共鸣的崭新观念：人民与统治者的自我定位，当苏格拉底教导雅典人如何表达不同意见时，孔夫子正在大力宣扬和谐政治理念。简单来说，这是现代传统政治思想的开端，开启了孔夫子与古代雅典的世界，从政治传导到法律。

传统中国社会崇尚儒家"礼优于法"、"讼终凶"的法律主张，法律文化追求"无讼"、"息讼"，国家对"民间细事"主要采取调解的办法解决。孔子曾经忝列鲁国司寇之职，也曾言"听讼，吾犹人也。必也使无讼乎。"对讼师的介入严加禁止，民众也多视法律为不祥之物，甚至憎恶法律，憎恶诉讼，树立于山东曲阜孔府的《忍讼歌》庶可为之注脚：

世宜忍耐莫经官，人也安然己也安然。

听人调唆到衙前，告也要钱诉也要钱。

差人奉票又奉签，锁也要钱开也要钱。

行到州县细盘旋，走也要钱睡也要钱。

约邻中证日三餐，茶也要钱烟也要钱。

三班人役最难言，审也要钱和也要钱。

自古官廉吏不廉，打也要钱枷也要钱。

唆讼本来是奸贪，赢也要钱输也要钱。

听人诉讼官司缠，田也卖完屋也卖完。

食补充口衣不全，妻也艰难子也艰难。

始知讼害非浅鲜，骂也枉然悔也枉然。

讼师活动早在春秋时期即已经出现，至封建社会更为普遍。香港电影《九品芝麻官》曾经塑造了一个利欲熏心、诡计多端、刁钻无赖、伶牙俐齿、出入人罪的讼师方唐镜形象，"或据律引例，深文周纳，或上下其手，颠倒黑白，一语足于杀人，亦足于救人。"方唐镜乃清末广东四大讼师之一，长于算计，人称"扭计师爷"，语多贬义，又被称为"破鞋"，可见其口碑之差，人品之烂。与之相对有位四大讼师之首陈梦吉，被誉为"扭计祖宗"，"桥王之王"，"桥"者，粤语点子之意。陈梦吉在诉讼中惩恶扬善，匡扶正义，以超乎常人的聪明才智，笔能杀人亦能活人，代表了讼师的正能量。陈梦吉与方唐镜，一正一邪，分别代表了古代讼师的正面和反面形象。

明代徐複祚的《花当阁丛谈》、清代徐珂编纂的《清稗类钞》、曾衍东编著《小豆棚》、俞蛟的小说《梦厂杂著》等作品，搜罗了大量清代的野史趣闻，其中有很多讼师的故事。古代打官司要提交状子陈述案情，由于当事人几乎都是文盲，他们无法用文字表述案情，于是讼师充当代书人应运而生。由于讼师通晓法律，在能够保护代书人利益的同时，也有要挟官府之举，因此，如《唐律疏议》之《斗讼》规定："诸为人作词牒，加增其状，不如所告者，笞五十；若加增罪重，减诬告一等。"至于明代，不论加减其状一概治罪，而且在刑罚规定上，严于唐代："凡教唆词讼及为人作词状增减情罪诬告人者与人同罪。若受人雇诬告者与自诬告同，受财者计赃以枉法从重论。其他人愚而不能伸冤教令得实，及为人书写词状而无增减者，勿论。"清季对代书讼师的规定更加具体，形成了一定的制度，如《福惠全书》之《刑名立状式》中规定："凡原告状准发房，被告必由房抄状被告抄状入手，乃请刀笔讼师，又照原词破调，聘应敌之虚情，压先攻之劲势。"

封建社会的讼师没有合法的资格和诉讼地位，不能接受委托充当辩护人和代理人，甚至一些朝代根本就不允许讼师的存在。讼师仅限于在法庭之外代书诉状，不能直接会见被告，讼师与当事人之间多在幕后活动，讼师对当事人的帮助多由一纸状文而告终。从法律而言，讼师介于合法与非法之间，游走刀刃更不能出庭参与开庭。尽管如此，明清时期还是出现了《惊天雷》《相角》《法家新书》《刑台秦镜》等大批构讼及法律文书写作技巧方面的书籍，在一些传世名案如杨月楼案、杨乃武与小白菜案中都活跃着讼师的身影。

讼师和师爷因为擅长曲解律文，雕饰文字，成为社会"震怖臣下，诛锄谏士，艾杀豪杰"的工具，同被称为"刀笔先生"。古代诉状、部分公文，锋利如刀，字里行间机关算尽，陷阱重重，以笔为刀，杀人无形，被称为"刀笔文章"。因此古人学幕之首日，必须背诵四句箴言："笔下有财产万千，笔下有人命关天。笔下有是非曲直，笔下有善恶忠奸。"

鸦片战争之后，国门渐开，西方人士对中国法律状况的了解不断深入，除了进行官方成文法律如《大清律例》的翻译介绍工作以外，还注意对地方司法过程中的诉讼文献以及民间契约的搜集，从而对中国法律思想以及民事规范、民事纠纷、司法审判、诉讼程序等内容有了纵深的了解。其中，由英国人威妥玛编辑的《文件自迩集》收集了清代乾隆至道光时期的各种公文、诉状、信函、差票、契约、榜文、奏折等共75件，已不再局限于刑法部分了，几乎涵盖了当时司法活动的各个领域，而且所选文件注重细节，特别对民间习惯与民事活动的一些具体现象，进行了具有分类色彩的收集，成为当时西方人了解中国传统司法活动的系统而又详细的资料。至19世纪末叶，经历了一系列政治、法律的接触和碰撞，在西方法律的渗透和参照下，清朝固有的法律体系已经不能适应维护统治的需要，尤其是严刑酷法，屡为外国所讥议，这也是侵略者不肯放弃"治外法权"的堂而皇之的理由。因此，如同姗姗来迟的新政一样，晚清的法律改革也终于登场，从而开始了中西法律的对接，或谓之中国法律的近代化。沈家本、伍廷芳所领导的晚清修律打破了中国因袭两千多年的法律体系，开始向近代法律体系迈进。就司法审判制度而言，也取得了较大进步，行政兼理司法的状况开始改观，诉讼上民刑不分的格局被打破，律师制度已经产生，当事人的合法权益开始受到重视等等不一而足。在继承传统的基础上，借鉴了西方（政治意义上的西方包括脱亚入欧的日本）法律文书的制作规格。宣统年间，奕劻、沈家本等编纂《考试法官必要》，对刑事、民事判决书的格式和写作内容做出了统一规定，从而开启了法律文书发展的近代历史，其中刑事判决书须写明下列项目：

（一）罪犯之姓名、籍贯、年龄、住所、职业；

（二）犯罪之事实；

（三）证明犯罪之理由；

（四）援引法律某条；

（五）援引法律之理由。

民事判决书则写明：

（一）诉讼人之姓名、籍贯、年龄、住所、职业；

（二）呈诉事项；

（三）证明理由之缘由；

（四）判之理由。

至此，我国的法律文书发展已比较完备，诸如诉状、笔录等都有相应的规定。

民国以来，基本上沿用清末的法律文书格式，同时仍注意吸取日本、德国等的文书格式，按照民事、刑事诉讼法的规定制作各类诉讼文书，其文书格式已与古代差别极大，但在文书的语体风格方面仍然采用文言，直到1949年之后才得到根本改变。这一时期的法律文书主要代表作有《最高法院判例汇编》《行政法院判决汇编》《司法院解释最高法院判决汇编》《法院判例精华》等。

民主革命时期，在共产党的领导下，建立了工农民主政权的法律制度和司法制度，设有审判、检察等司法机构，诉讼活动包括侦查、预审、起诉、裁判等各种环节，并有相应的文书配合。当时的法律文书如国家保卫局对季、黄反革命案的起诉书、临时最高法院对该案的判决书（第五号）、瑞金县裁判部对谢步升反革命案件的判决书（第八号）等等，叙事简洁清晰，议论精辟、透彻，在当时发挥了重要作用，是法律文书发展史上宝贵的研究资料。

抗日战争时期，基本上仍用国民党法院的法律文书格式，为了适应战争环境和群众的文化水平，文书种类有所减少，采用较为通俗的文言，结构上比较稳固，如刑、民判决书包括下列部分：标题、案号、当事人、案由、主文（结果）、事实、理由、签署等，和当代判决书大体一致。在当时最具代表性的如：陕甘宁边区高等法院关于黄克功凶杀案的判决书、布告，关于田×芳离婚案的二审民事判决书，关于侯张×离婚案的二审民事判决书，关于王光胜汉奸案的刑事判决书等等。这些文书非常讲究语言的锤炼加工，词汇丰富、句式多变，整散交错，行文灵活，并注意吸收富于生命力的文言词语，可谓雅俗共赏、简约而不干瘪，很值得今人借鉴。

1949 年以后，中央人民政府司法部于 1951 年制定了一套《诉讼用纸格式》，借鉴了当时苏联、东欧等社会主义国家的文书格式，但基本上沿用民国时期和革命根据地的格式。同时废除了文言，改直排为横排。在我国的民主革命和社会主义建设中，法律文书的作用愈加突出，如上世纪 50 年代对震惊全国的刘青山、张子善一案的审判，便充分发挥了法律文书的特点，从而显示了社会主义法制的威严。

文革期间，法律文书体系遭到严重破坏。自 1979 年开始，公安部、最高人民检察院、最高人民法院均相继重新拟定了本部门急用的文书格式。值得提出的有：1980 年由司法部普通法院司起草，以司法部名义颁发的《诉讼文书格式》共 8 类 64 种，体例完备，诉讼文书的改革走上了统一化、规范化的道路。1982 年最高人民法院民庭、经济庭制定了《民事诉讼文书样式》70 种，完善了民事审判文书，有力地促进了《民事诉讼法（试行）》的贯彻执行。1983 年最高人民检察院在原有 17 种格式的基础上制定了《刑事检察文书样式》40 种和《直接受理案件文书格式》45 种，连同 1989 年公安部拟定的《预审文书格式》已成为一套较为完整的法律文书格式。

最高人民检察院于 1991 年 6 月又颁布《人民检察院制作刑事检察文书的规定》25 条，并修订《刑事检察文书格式（样本）》计 46 种。最高人民法院为加强审判业务建设，提高法院诉讼文书质量，改进和规范法院诉讼文书的内容要素和格式，在原有诉讼文书的基础上于 1992 年 9 月制定下发了《法院诉讼文书样式（试行）》共 14 类 314 种，自 1993 年 1 月 1 日试行。这次修订以刑事、民事、行政诉讼法等法律法规和司法解释的有关规定为依据，从审判工作的实际需要出发，总结审判实践经验，参考法学研究的有关成果，力求达到法院诉讼文书进一步规范化、标准化。尤其是具有强制执行力的法院裁决文书，力求内容明确，结构严密，层次分明，文字通顺，语言准确。本次修订以裁判文书样式和案件审理报告样式为重点，对其他文书样式，在合法、需要、规范的前提下，注意简便易行。1999 年 4 月，根据新的法律和司法解释，重新颁行法院刑事诉讼文书格式，加强文书的说理性。步入 21 世纪，两高及公安部、司法部、国家安全部等部门因应新形势、新问题、新法律，对法律文书的内容、格式都做出了新的规定，其中法院裁判文书的改革尤为令人瞩目。

最高人民法院于1992年系统公布的，被称为"九二样式"。"九二样式"使用以来，人民法院大力推进裁判文书改革，裁判文书制作有了长足进步，裁判文书内容更完整，文字更规范，样式更符合新类型案件的需要。

但裁判文书制作中主要有四个方面待改进。一是裁判文书格式不统一。一些法院的裁判文书偏离了"九二样式"的要求，甚至变得五花八门。二是繁简不当，该繁不繁，该简未简，特别是不能适应简易程序速调速判的要求。三是重证据罗列，轻证据和法理分析，有的裁判文书说理不透，逻辑性不强。四是文书制作粗糙，文字、标点符号错漏、不规范的现象没有杜绝。

针对以上四方面问题，最高人民法院认为应当通过统一裁判文书制作样式和提高裁判文书内容质量两个途径，认真克服和解决。统一和完善裁判文书制作样式，在"九二样式"的基础上，按照简繁分流的原则，结合新类型案件的需要，及时发布裁判文书样式方面的统一规定，有条件的地方可以统一纸质、统一排版、统一装订。优秀的裁判文书，能够促使当事人服判息诉。要把提高裁判文书质量与法官职业化、专业化建设结合起来，通过提高法官职业素质，提升法官写作裁判文书的水平。

自此，法院系统法律文书改革走上了快车道。1999年4月，根据新的法律和司法解释，重新颁行法院诉讼文书格式，加强文书的说理性。2002年、2003年迭有裁判文书新规出台。《最高人民法院关于裁判文书引用法律、法规等规范性法律文件的规定》由最高人民法院审判委员会会议通过，自2009年11月4日起施行。

2013年7月，《最高人民法院裁判文书上网公布暂行办法》已审议通过并开始生效实施。按照该办法，除法律有特殊规定的以外，最高人民法院生效裁判文书将全部在最高人民法院政务网站的中国裁判文书网（www.court.gov.cn/zgcpwsw）予以公布。这是最高人民法院贯彻落实中央关于法治建设重要论述，积极回应社会关切，主动接受社会监督的重要举措，标志着人民法院的司法公开工作迈出了关键一步，也是人民法院强化司法公信的重要标志。

裁判文书公开是司法公开的重要一环，有利于增强司法透明度，强化监督，防止司法权滥用，有利于人民法院树立司法权威、提升司法公信力。

通过互联网及时、全面地公布法院尤其是最高人民法院的生效裁判文书，在国际司法领域已是大势所趋。其优势在于发布速度快，覆盖面广，便于查阅，既高效回应人民群众关切，也有利于充分发挥司法裁判的法律效果和社会效果。最高人民法院作为国家最高审判机关，裁判文书是其履行宪法法律职责的重要成果和载体。通过互联网公布最高人民法院的生效裁判文书，能够大大拓宽最高人民法院裁判文书的影响面，引领全国法院司法公开工作进一步均衡发展，推动全系统严格规范公正司法，统一裁判尺度，提升司法能力，同时，对于繁荣法学研究、促进法制宣传、培养社会公众法治信仰、完善社会诚信体系建设也将发挥重要作用。

《最高人民法院裁判文书上网公布暂行办法》是最高人民法院第一个专门规范自身裁判文书上网公布工作的制度性文件，对裁判文书上网公布的基本原则，上网公布裁判文书的范围，公布前的审核程序与技术处理，当事人的权利告知及保障，文书上网公布后的跟踪处理，公众意见收集回应，组织机构以及监督保障措施等等，均作了比较明确、具体的规定，具有较强的操作性。依据该办法，除法律规定的特殊情形外，最高人民法院发生法律效力的判决书、裁定书、决定书一般均应在互联网公布。社会关注度高的案件，生效裁判文书应当在互联网公布。裁判文书上网公布前，需要对当事人等的个人信息以及其他不宜公开的内容进行技术处理。当事人认为案件涉及个人隐私或商业秘密，请求不在互联网公布生效裁判文书，经案件承办部门审核理由正当且不涉及公共利益的，可不在互联网公布。

# 裁判文书说理改革 [1]

　　从一般意义而言，考量评价法官审理裁判案件和水平有不少指标，但其中有两项是最直观、最传统、最表象、最贴近社会鉴赏层面的标准：一是庭审驾驭能力，二是裁判文书写作能力。稍有常识与教育背景的人都可以通过对法官这两项司法技能发挥状况的感受，对法官的司法能力和水平作出评价。裁判文书上网以来，法院系统对裁判文书评查的重视程度日益增强，文书质量受到了较为广泛的重视。庭审驾驭和文书写作时法官司法技能最主要的两个核心点，文书上网不仅紧紧抓住了法官司法技能最重要的评价指标，也为开展法律文书应用法学研究提供了直观的现实题材和研究领域 [2]。我国法院现行的裁判文书具有形式单一、用语固定、裁判理由简单（洁）、制作方便快捷的特点，这在我国国民总体文化素质不高和法官水平参差的情况下发挥了重要作用，成为法院断案的一种有力武器。但是，随着全国人民整体文化素质的提高，法律意识的增强，以及法官整体业务素质的提高，这种几乎千篇一律、形式呆板、用语生硬且毫无法官个性的八股式裁判文

---

[1] 本文系中国法学会法律文书研究会 2014 学术年会论文。
[2] 王晨主编：《刑事法律文书写作交互指引》，北京大学出版社 2015 年版，序言。

书越来越受到一些理论界、法学界的有识之士的非议，更多的败诉方当事人由于在相关的裁判文书较难找出自己败诉的裁判理由而对判决产生不满，一些当事人甚至由此怀疑办案法官的水平和办案的公正性，法院裁判的公信力因此而深受影响。由此，对法院现行的裁判文书进行必要的改革已是势在必行。

裁判文书改革大体肇始于上世纪 90 年代，因为文书是"公正的精髓 [1]"，一直备受关注，笔者以刑事判决书为例简述之。1992 年 6 月，最高人民法院公布《法院诉讼文书样式（试行）》，改变传统的裁判文书"一方理由"模式为强调控辩审等腰三角形"三方理由"的阐述。1996 年刑事诉讼法、1997 年刑法相继修订，最高人民法院 1999 年通过《法院刑事诉讼文书样式（试行）》，进一步要求刑事判决书"理由的论述一定要有针对性，有个性。要注意结合具体案情，充分摆事实、讲道理。说理力求透彻，逻辑严密，无懈可击，使理由具有较强的思想性和说服力。"跨入 21 世纪，刑法已经通过 9 个修正案实现不断完善，刑事诉讼法亦于 2012 年完成大修。党的十八届四中全会通过《中共中央关于全面推进依法治国若干重大问题的决定》，要求"推进以审判为中心的诉讼制度改革"，而庭审实质化无疑是该项改革的落脚点之一："事实证据调查在法庭，定罪量刑辩护在法庭，裁判结果形成于法庭。[2]"判决书说理是判决作出过程的描述，是判决结果逻辑演化的说明，是法官心证形成过程的展现，因此判决书说理的丰富与充分可以在一定程度上对庭审实质化形成倒逼机制。

裁判文书承载着审理程序记录与证据审查之表述功能、裁判理由解释与社会秩序行为之示范功能、人文关怀之传播功能，社会转型时期，社会舆论和社会公众对于案件审判的关注度和影响力日益增加，人们已不再把裁判文书单纯看做是向被告方宣布审判结果的书面告示，而是把它视为展示现代社会诉讼民主、程序公开、司法公正的重要载体之一。广州许霆案、南京彭宇案、西安药家鑫案、云南李昌奎案等多起有社会影响的案件判决书都毫无例外地被全部上传到互联网，社会公众不仅评判案件审理的程序

---

[1]（英）彼得·斯坦、约翰·香德：《西方社会的法律价值》，王献平译，商务印书馆 1965 年，30 页。

[2]《最高人民法院关于建立健全防范刑事冤假错案工作机制的意见》第 11 条。

和实体公正问题，而且非常关注裁判文书中的事实认定和裁判说理等文书写作问题。

2013-2014 年，武汉市中级人民法院和其所辖的 15 个基层法院对 5000 件刑事（含刑事附带民事）案件裁判文书的评查结果作为实证研究的分析对象，进行刑事裁判文书功能结构的系统性对比分析[1]。

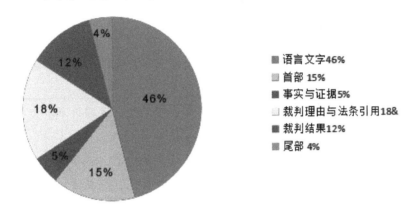

## 刑事裁判文书评查错误类型分布

- 语言文字46%
- 首部 15%
- 事实与证据5%
- 裁判理由与法条引用18&
- 裁判结果12%
- 尾部 4%

武汉市中级人民法院和 15 个基层人民法院
刑事裁判文书评查部分典型错误分析表

| 典型错误类型 | 典型错误描述 |
| --- | --- |
| 事实<br>与法律关系 | 控诉、辩称概括不简洁明了，篇章所占比例不适中。<br>案件争议焦点归纳不准确、不精练。<br>法律关系表述不明晰。<br>查明事实叙述不简洁、不完整、不客观。 |
| 证据采信 | 证据分析不够翔实充分，逻辑不严密，证据采信不恰当、不合法，理由不充足。<br>对证据证明力的判断不准确，依据不充分。<br>证据链条不清楚、不完整，证据与事实之间的证明关系不清晰。<br>没有完全依据证据认定事实，不客观、不全面、不正确。 |

[1] 王晨主编：《刑事法律文书写作交互指引》，北京大学出版社 2015 年版，序言。

| | |
|---|---|
| 裁判理由<br>与依据 | 裁判理由与案情分析没有紧扣诉讼焦点，逻辑不严密，层次不分明，重点不突出，没有针对性。<br>裁判依据不合法、不确实、不充分，说理不透彻，对法律适用论证不严密、不充分。<br>对当事人权利、责任、义务分析不够明确，对被告人辩解及律师辩护意见剖析不够全面，说服力不强。<br>判断推理不合情合理合法，与社会主义法治理念和社会主义主流价值观念契合不够。<br>同案不同判（例如：刑事附带民事案件中对无赔偿能力的案件目前有三种判法）。 |
| 裁判结果 | 裁判结果不明确、不具体、不完整，遗漏诉求。<br>处理不得当、不正确。<br>适用法律错误，援引法律条文不规范、不具体、不完整。<br>判决事项不清晰，文字表述不规范，存在歧义。 |
| 语言文字 | 行文不流畅，结构不完整，层次不分明，不能全面反映案件的审理程序。<br>语句不通，文字不精练，表述不准确、不规范，艰涩难懂。<br>简称表述不准确，用词不规范。<br>错字。<br>病句。<br>数字用语不规范。<br>标点符号不规范。 |
| 法律效果<br>与社会效果 | 刑事判决法律效果与社会效果不统一，引起社会不良反应。 |

从上可知，裁判文书中的错误和瑕疵以及裁判文书的写作风格等因素对裁判文书功能的影响确实比较大，涉及裁判文书功能的每一个逻辑结构范畴，现实存在的差错率直接影响了法院的司法公信力和司法权威。

# 一、法院裁判文书改革的重点

裁判文书所需改革之处甚多，但从目前我国裁判文书所最为欠缺的方面和改革的重点考虑，则必须包含以下几个方面：

### （一）阐明当事人争议的焦点

当事人的争议焦点是当事人诉争的重点和焦点所在，任何裁判文书如果不充分表现当事人的争议焦点就等于向交战双方及社会公众描述一场没有交锋的战争，或者像一个蹩脚的小说家，描写两个耳聋的老人进行一次没有交流的各顾各的"谈话"。因此，只有抓住诉讼双方当事人之间的争议焦点，并把它较为客观、详尽地概括出来，才使得诉讼双方当事人明了各自和对方的争执要点，从而揭示了主要矛盾和矛盾的主要方面，不但为诉讼双方当事人所明了、所接受，更为旁观者所一目了然。

### （二）应对当事人证据的采信与否作出合法、合理的解释

对当事人证据的采信与否关系到当事人诉讼的胜败，直接关系到当事人的切身利益，因此必须在裁判文书里对当事人向法庭提供的证据是否采信作出合法、合理且正确的解释。从某种程度上来说，当事人打官司，就是打证据，没有证据所证实的事实，不能成为法庭断案的法律事实。所以，法庭应对双方当事人提供的证据的真实性、合法性、关联性和证明力进行审查和确定，审查和确定的过程和结果，都必须客观、真实、合法地反映到法院裁决的最终活动的载体——裁判文书上。否则，庭审活动的成效就得不到充分的反映。特别是我国正在进行的审判方式改革，法院特别重视当事人在法庭上举证，如果不在裁判文书上反映这一成果，那么必定会使审判方式改革虎头蛇尾，使审判方式改革的成果大打折扣。

此外，对使当事人提供的证据的采信与否不作出充分、有力且具有信服力的说明，当事人心中自然不服，对法院的裁判自然会产生藐视、愤恨的心理。这与法院公正裁判、化解矛盾的宗旨和初衷是背道而驰的。

### （三）应对事实的认定作出有力的说明

裁判文书对当事人提供的证据作出是否采信后，还必须就证据和事实之间的内在关系作出结论并作出合理、有力的说明，这种内在关系必须是必然的因果关系。

任何客观真实的证据，其所证实的事实都是相对片面的、静止的事实，而法官的责任，就是要把与案件有关的一系列真实的证据系统地、科学地连接起来，使之成为一个较为完整、客观的案件事实，最后使之在法院的裁判文书中得到科学、完整且合法的认定。否则，就会陷入一叶障目的泥潭，被当事人当作攻击的目标而一败涂地，损害人民法院的形象和威望。

它山之石可以攻玉。英美法系（普通法系）国家实行判例法，法官在判案时做到"遵循先例"的原则（Doctrine of Decisis），而这种遵循先例的原则"具有两大优点：其一是强调对个案特定事实的认识，判决并非大陆法系那样对成文法规的机械适用，而是更看重于个案思维，以求得个别公正的实现；其二是强调法官对判决的论证力。"[1]

### （四）应对判决的理由作出充分的阐述

裁判文书要让双方当事人和社会公众了解和信服，必须对判决的理由作充分的说明，这种说明的工作是对判决进行正当的、合理化的法理分析，让当事人明白如此裁判的原因和详情。这样，就能较好地防止对方当事人因不知事实认定和判决理由的详情而偏执地怀疑法官在有意地偏袒对方，增加判决的可信力，真正做到以理服人，而不是以权压人。据《法制日报》载，天津第二中级法院把改革裁判文书的重点放在说理上，使判决书说理透彻、充分，取得了明显成效，就是铁证[2]。正如美国著名法学家哈罗德·伯曼在其著作《美国法律讲话》中所断言："判决理由正是判例发挥其约束力的关键，这使得说明判决理由成为法律制度的基本要求。"

关于这一点，西方发达国家的一些规定和做法很值得我们学习和借鉴。"综观世界各国，无论大陆法系还是英美法系，法院的判决书都是一份论

[1] 唐仲清：《判决书应确定判决理由的法律地位》，载《现代法学》2009 年第 1 期。
[2] 尚方、刘虹、晓新：《裁判文书说理必须充分——天津二中院积极探索裁判文书改革》，《法制日报》2012 年 4 月 22 日。

证文，将法院作出判决的理由写的一清二楚，其公正性使人无从怀疑。"
为了做到这一点，在大陆法系的代表国家法国，1790 年制定的法律就要求
上诉法院判决应载明理由，1810 年该国法律又进一步明确规定："不包括
理由的判决无效。"1939 年法国最高法院在不断强调、要求各级法院重视
判决理由的基础上要求各级法院的判决理由必须确切、具体、并指定了相
应的标准。意大利则早在 16 世纪就开始要求判决必须说明理由，如今已成
为该国根本法——宪法的一项内容。另一个欧洲大国——德国也与此相呼应，
该国 18 世纪逐步确立了判决理论的相关规定，1879 年使判决的理论成为一
项普遍义务强制法官接受。而在英美法系国家，由于其历来实行判例法，
更加注重判决理由的充分阐述，也正因如此，这些国家的许多著名的判决
理由最后上升为判案的基本规则甚至原则，例如著名的米兰达规则。英美
法系国家的法官可以造法，就是说这些国家的法官在审理个案中，充分发挥、
利用其渊博的法学知识，巧妙地、精辟地阐述其判决的理由，使判决的理
由获得法学界、司法界的公认，并利用判例法的实施制度，形成其他法官
在以后的审案中普遍使用该案判决理由的做法。

法是理与力的结合，判决理由是判决以理服人的体现，故判决的理由
必须得到充分阐述。

### （五）应对援引的法条作出科学的解释

法官并不是简单的"找法机器"，面对种种相互关联的证据所证实的
事实，必须在找到相应的法条后作出科学的解释。法律解释学是一种集应
用性、创造性为一体的科学。每一条法律规定均有着丰富的内涵和法律精神，
尤其是在法意不明、法有漏洞、法条竞合、自由裁量等情况下更具有选择性、
创造性。法官的责任，就是要通过自己学识、经验和水平将貌似抽象、枯
燥的条文活现于具体案件的判决之中，使当事人和社会大众明白法理，知
悉法条、给双方当事人一个满意的"说法"，并把法律的原则和精神传播
于社会大众。使法律的原则和精神源远流长，并成为每个公民的行为准则。

必须指出的是，1949 年以来，法官对法律、法条的说明、解释权是被
严格限制的（仅授权最高法院有司法解释权）。"几乎所有的教科书都反
对法官个人和最高司法机关以下的各级法院对成文法的说明之权，其主要

理由就是担心司法专横的出现、法制统一的破坏。[1]"但从我国成文法与司法审判的现状来看，限制法官说明和解释法律的权力并不能有效地限制法官的自由裁量权，而简单、机械找法且不需作出合理说明解释的情况相反会从侧面加剧暗箱操作、司法专横的可能性。其原因主要是我国的法律规定的弹性较大，从而使我国法官实际上拥有的较大的自由裁量权，法官完全可以安全、放心地行使这些自由裁量权"合法"地进行权钱交易。例如犯贪污罪轻的可判处 3 年以下，重的可判处死刑。即使在同一档次的刑期——例如 3 年以上 7 年以下，也可选择 3 年、4 年、5 年、6 年或 7 年。又如刑法条款中有较多的"可以"规定，有较多的"情节严重"、"情节特别严重"的规定和"后果严重"、"损失重大"以及"其他"的规定可供法官自由认定和裁量。因此，通过限制法官在审案中对法律的说明权、解释权无助于司法专横现象的解决。故全国人大及其常务委员会和最高法院有必要鼓励和要求全国各级法院法官在审理案件时，对具体个案所适用的法律作出必要的说明，把其援引的法条精神和每个具体案件的情况有机地结合起来，成为法条精神的具体使用和活现。

### （六）充分展现主审法官的个人风格

没有个性的东西是没有生命力的东西。法院的判决文书也是这样。一份法律判决文书，是对有争议、有感情、有过程的法律事件的裁判，如果冷冰冰的没有理性的阐述，没有人情味的传达，没有法官个人风格的表现，那么，这份裁判文书是没有感情、没有分量、没有说服力、没有生命的文书。古人云，言而无文，行之不远，就是这个道理。在现实生活中，在目前的司法活动中，从来没有发现哪一份判词或哪一份裁判文书被人作为作品珍藏。相反，一些当事人恶意撕毁、扔弃法院的裁判文书倒时有耳闻，这不能不说是法院裁判文书的悲哀。当然，这其中也有一些当事人法制观念淡薄的缘故。而在英美法系国家和我国古代的判词中，许多判决书都是对法律精神合理、深刻的阐述，有的甚至是一篇篇寓叙事、说理为一体和表现法律精神的法学美文。例如我国广为流传、至今仍为人们所珍藏的古代、近代判决美文《折狱新语》《名公书判清明集》《龙筋凤髓判》《清代名吏判牍选》

---

[1] 陈金钊：《成文法在适用中的命运》，载《法律科学》1992 年第 6 期。

就以极强的感染力深入人心；至于民间流传的有关古代著名判官所作的巧判，传说就更多了。此外，一些法律裁判文书还注重人情味的传达。例如，在一起为患者实施安乐死的刑事案件中，法官在判决书中充满感情地写道：我很敬佩你（被告为医生）为患者解脱痛苦的同情心，也很敬佩你勇于拿出自己的命运为患者解除痛苦的勇气，但是，在我们的法律没有改变之前，这种行为是违反法律的犯罪行为，所以控方对你指控的犯有二级谋杀罪的罪名成立，你必须受到现有法律的惩罚。

增加裁判文书的理性与法官个人的风格，实际上是增加裁判文书公信力和生命力的重要手段，使裁判文书有人情味，这是法官司法水平的展现，更是法官的责任。

前文所述六点改革重点中，包括有文书内容形式的变革，有文书风格理念的转变，其中最本质的是文书中的论理的重塑。说理是法律裁判文书的核心，为了确保司法的公正、减少法院的诉累、加强对案件的监督、提高法官的业务素质，说理是关键所在，裁判文书中说理部分的重塑具有"牵一发而动全身"的作用。

# 二、裁判文书说理改革的必要性及裁判文书缺乏论证与说理的根源

狭义而言，裁判文书说理仅包括裁判理由部分，即《法院诉讼文书样式》（试行）所规定的"本院认为"部分，广义上，裁判文书说理不仅包括裁判理由部分还包括裁判文书对事实认定的说理和对证据认证的说理。

目前，裁判文书由于长期受控审式、纠问式审判模式的影响，裁判文书的职权主义色彩非常浓厚，除裁判文书的表述看不出整个庭审的过程外，更主要的，一是叙述事实都是平铺直叙，其中看不出对事实认定的合理性阐述与论证，看不出当事人陈述的事实哪些能够认定为案件的法律事实，哪些

不能够认定为案件的法律事实，各自的理由是什么，一概不知。二是证据表述过于笼统，只用"以上事实有……证据为证"的套话一笔带过，只看得出证据的名称，看不出证据的内容，只看得出采信的证据种类，看不出采信的证据是哪一方提供。总之，对证据的认证缺乏说理。三是判决理由部分法理性分析与论述简短，说理缺乏针对性、具体性和深入性，对使用法律只简单表述为"依照……判决如下"，对使用法律的理由不作任何阐述。"现在的裁判文书犹如猜谜：判决书的解析题是 X＋Y=100，X 是证据，Y 是判决理由，100 是判决结果，当事人只能根据结果去猜测证据是什么？适用的法律理由又是什么？为什么会得出 X+Y=100 的结论？这是必然的结论还是偶然的结论？因为 X+Y=100 有无数种组合排列方式。[1]"。认定事实、认定证据的说理缺乏和判决理由的论述简短，客观上就难免法官"主观臆断"、"独断专行"，就难免引起当事人对事实的认定感到莫名其妙、对证据的认证不能心悦诚服、对判决理由不能欣然接受。

诉讼价值观念的影响。长期以来。为了片面追求结案率，追求高速度、高效率，审判工作只注意了结果公正，忽视了程序公正，认为无论程序如何，无论手段如何，只要结论是公正的，就能达到司法公正。由此必然产生忽视裁判文书的说理，错误认为裁判文书即使不说理或少说理也无妨。

违法审判责任制度的影响。最高人民法院《关于人民审判人员违法责任追究办法（试行）》第 22 条规定，因对法律、法规理解和认识上的偏差而导致错误裁判的，审判人员不承担责任，过去各地法院也有类似的错案追究责任制度，这一制度一般都将错案确定在审判人员对事实与证据的故意隐瞒、损毁等范围上，如此法官的主要精力都集中在对事实的真实可靠负责，忽视了裁判文书的说理。

中国传统文化的影响。中国两千年以来，清静无为的道家思想根深蒂固，影响深远，使得人们产生了一种消极的无所作为、少惹麻烦的处世态度。现在有许多法官思维仍受其影响，这种思想反映到裁判文书上来，必然认为裁判文书说理越少越好，说理多了，越容易被抓住辫子，说理少了，自然不会惹事生非。

---

[1] 许永东：《行政诉讼诉辩式庭审方式的完善及裁判文书改革》，载《人民司法》2011年第 5 期。

司法腐败的影响。多年来，由于"人情案、关系案、金钱案"司法腐败现象的存在，给一些意欲违法办案的法官留下了"忽视"裁判文书说理的空间，这些枉法者可以趁机将"见不得人"的理由隐藏，别人就不会或很难找到破绽，枉法者违法审判的责任就能得以逃脱。当然，裁判文书本身长期忽视说理也助长了司法腐败。

# 三、"说理"的重新定位

"裁判文书不应是一份言辞枯燥的法律文书，而应是闪烁出法官人性特点或充满思辨色彩的美文[1]"，"在国外，一篇判决主文，往往就是一篇极好的学术论文"，"一个说理明晰的判决可以制约法官独断专行[2]"。我们可以从纵横比较中，看出古今中外对裁判文书的说理是多么的重视以及说理在整个裁判文书中的地位与分量。

先来看看德国斯图加特高等地区（上诉）法院在 1964 年 12 月 24 日的一份判决：该案的被告在酒精的作用下驱车撞到一辆停着的货运卡车，结果他的轿车着火燃烧，原告（过路人）看到这件事故，提着一筒灭火器救助，把被告及乘客从火中救了出来，原告在此过程中严重烧伤，原告的经济权利有保险公司予以满足，但其弥补精神痛苦的权利要求遭到下级法院拒绝，上诉法院以下精彩的论证与说理，撤销了这一判决：

"与地方法院的观点相反，我们认为依据民法典第 823 Ⅰ 和 Ⅱ 条以及 847 条，原告也有权利为他在一件不法行为中受到的痛苦和磨难得到补偿。地方法院认定，被告在不胜任驾驶的情况下驾车这一事实不构成原告所受损害的充分理由，这一认定是不能接受的。众所周知，不是每项必要条件

[1] 宋冰编：《读本：美国与德国的司法制度及司法程序》，中国政法大学出版社 1999 年版，第 443 页。
[2] 王利明：《人民法院机构设置及审判方式改革问题研究》（下），载《中国法学》1998 年第 3 期。

都构成充分原因，但是，在两种情况下，一项必要条件可能产生这种结果：一种是普遍存在并且符合客观评断或经验的必要条件，另一种是在一般情况下明显地增强了出现这种结果的出现无关的条件，从而根据通常见解，不能合理地把这些条件考虑在内。虽然如此，但认定在本案中，对原告造成的人体伤害处于正常并且客观地预期为事故后果的范围之外，是不能接受的。当然，这一人体伤害之所以发生，只是由于有其后一项行动，由于有原告的自主决定，即他为了援救被告及其乘客而介入了事故，这一点是确定的。不过，这一点并不排除在司机酒后开车这一违法行为及其后果之间的充分的因果联系。认为只当第三方的独立、自愿介入所起的作用是防止对公众的特殊危险，因而是在履行法律或道德义务时，方能承认存在着充分的因果联系这样的说法，是正确的。RGZ29.121 以及 RGZ50、223 承认，对牵引着一辆大车的几头马的防护措施不足这一事实与对试图勒住它们的一个人造成伤害两者之间，存在着充分的因果关系，并且这一案件特别提到，这名营救者履行了一项法律或道德上的义务。在 RGZ50、223 中，还明显地注意到这样的事实，即受伤害者的介入是为了避免对村庄街道上的人们，尤其为了避免对当时恰好从学校出来的孩子们造成危害。尽管如此，德国联邦最高法院在 NWJ641.363 中，在认为肇事后逃遁的汽车司机的行为与车速提高对追尾司机造成的事故之间没有存在着充分的因果联系的同时，明确地声称，在德国最高法院的那些判决中经常提到舍己为人的第三方为了援救而介入的行动几乎总是无意识的这一事实，因而在这样做的过程中受到的伤害无疑是那桩非法行为的充分后果。法院转向这么一点，即不法行为者产生的局面是否在通常条件下被人们认为有可能导致第三方进行援救；倘若是这样，是否认为需以目前的形式进行援救。在当时加以判决的那桩案件中，法院接着陈述：在一起严重的交通事故之后，其他司机独立地追赶肇事后逃遁的司机并非罕见；即使这种路途友情可能达不到道德责任的高度，但是从因果关系着眼，我们不能不看到这种追赶逃遁司机的行动不能被看作是第三方不可能的偶然的介入。于是可以从这样的立场出发：即使这种介入是近因，如果第三方的行为是正当的，可以认为，在对第三方的伤害与最初发生的事件存在着充分的联系。因此，这样做是适当的：在本案中，原告没有义务给予帮助，因此不负有给予帮助的法律责任。是否有进行援

救的道德义务，在此我们可以不做决定。但无论如何，当时存在着正当理
由进行援救。从道德着眼，援救者的行为的确是高标准的行为。尽管在这
种情况下，他的介入需要很大的勇气和无畏的精神，但本法院不能同意地
方法院的这种观点，即从一个旁观者的角度着眼，出现援救的可能性必须
如此地轻微，以至不可能合理地将这个可能性考虑进去……[1]"

再来看一下美国法院的一个案例：这一案件是法院判决援救者对引起
伤害者在何种情况下有权利请求的典型案件，在这一案件中，原告试图援
救一名由于乘务员疏忽而从被告的列车上掉下来的亲戚，原告因此受到伤
害请求赔偿。这一案件的初审法院认为，乘务员对原告亲戚的疏忽并不导
致被告对援救者的伤害负责任，除非陪审团认定，列车乘务员曾经请原告
参与援救。

上诉法院卡多佐法官在驳回时有精彩的论述：

"险情招来援救。遇难呼喊是对援救者的召唤。法律在追究行为及其
后果之间的关系时，不忽视这些心灵反应。法律承认他们是正常的。法律
把这些心灵反应置于自然的和可能发生的范围内。危害生命的过失对危受到
危害的被害人来说是一桩过失，对被害人的救援者来说也是一桩过失。在一
座桥梁上遗漏一个缺口未加修理的政府机构对因此掉入河中的小孩的双亲
也负有责任，对跳进河中进行援救这个孩子的双亲也负有责任。对于一名
因驶来的列车不给信号以致惊呆在两条铁轨中间的过路人说，铁路公司是
加害者，而对从铁路线上把受害人拉出来的旁观者说，铁路公司也是加害者。
援救的风险，只要不属胡乱行为，与事故共生共存。紧急状态召唤着人们。
加害者可能不曾预见到援救者来临，但仍然应负责任，就好像他曾经预见
到有援救者的可能性一样。[2]"

尽管两大法系说理的方式不同，即大陆法系裁判文书的说理注重抽象
化、概念化，带有强烈的理性主义色彩，英美法系更注重说理的经验性与
实用性，带有浓郁的的经验主义味道，但裁判文书注意说理的风格几乎普遍

---

[1] 宋冰编：《读本：美国与德国的司法制度及司法程序》，中国政法大学出版社1999年版，
第459页。
[2] 宋冰编：《读本：美国与德国的司法制度及司法程序》，中国政法大学出版社1999年版，
第451页。

地受到称赞，这些裁判文书几乎"不给想象力留下任何余地"。我国台湾地区、香港特区以及我国建国前的根据地时期和建国初期的裁判文书都是十分崇尚论理的，把说理看成是执法活动的生命线，说理被置于至高无上的地位。

# 四、说理的重塑与构思

裁判文书不可能是在与世界法律文化遗产和现存的外国文化完全绝缘的条件下产生和发展，必须及时吸收借鉴两大法系国家的一些进步合理的做法，除此，还要坚持、采取下列原则和方法：

## （一）说理应符合法律逻辑

案件不论大、小，复杂、简单，制作案件裁判文书始终必然要运用法律逻辑原理进行判断与推理。使用法律、认定案件事实、采信证据的理由都是一个运用法律逻辑进行判断与推理的过程。法官制作裁判文书的过程，就是一个运用法律逻辑进行推理的思维过程，只有运用合乎逻辑的推理，才能使我们正确认识案件的本质，避免思维不清，表达混乱，从而写出具有说服力的裁判文书。

## （二）对证据的采信、对事实的法律认定、裁判理由应当充分说理。

这几点前文已做论证，这里不再赘述。此外，要注意说理的对象和说理的方法。说理的对象乃是判决书的受众，首当其冲的是与案件最终裁判结果有着直接利害关系的当事人。案件的裁判结果涉及对当事人人身、财产等权益的处分，当事人不仅关心裁判结论本身，还注重裁判文书制作的过程。强化说理，可以增强文书的可接受性，实现诉讼的效率价值。当事人之外的公众也是说理的对象，裁判文书是"向社会公众展示司法公正形象的载体，进行法制教育的生动教材[1]"，与当事人相比，社会公众更加看重判决

---

[1]《最高人民法院公报》1999年第6期。

书的理由论证。说理对象决定裁判文书理由说明的语言、逻辑、内容和方法，应该朴实、精炼。

逻辑推理是裁判文书说理的主要方法，包括演绎和归纳两种方法。受成文法传统影响，我国法官主要采用演绎推理，将案件事实适用相关法律，建立二者之间的必然联系，形成一个三段论推理，得出符合逻辑的判决结果。但法律规范适用于个案，并非简单、直接、形式上机械套用三段论的过程。

### （三）重新设计现行裁判文书模式

应该说，自最高人民法院 1992 年 6 月 2 日制定下发《法院诉讼文书样式》（试行）以来，人民法院裁判文书的质量已有明显的提高，各地普遍反映按照式样制作的裁判文书在事实、证据和理由部分都有很大改进，涌现了一大批优秀的裁判文书。但试行样式中也存在一些问题需要进一步完善。为了强化说理，现行裁判文书（刑事裁判裁判文书已作修改，这里主要指民事与行政裁判文书）除首部与尾部可以继续适用试行样式外，正文部分应该重新设计：

第一，完整而又不重复的写明原告诉称、被告辩称、第三人述称的内容，然后合议庭或独任审判员归纳出案件的争议焦点与重点（归纳出的争议焦点与重点应征求当事人双方意见，双方认可后，方可进行下一内容的表述。这样做，可以判断下文的说理是否具有针对性）。

第二，列明当事人在起诉答辩时、在庭审准备阶段、在法庭上的所有举证材料及其内容，若有法院依职权调查的证据同样也列明，这样可以让当事人清楚地看到自己提供的证据是否遗漏，也可以避免审判人员"暗箱操作"，甚至故意隐瞒、毁损证据。案件受理后，当事人最关心的是他们向法庭提交的证据，法官是否注意到，注意的程度如何，将所有证据一一列举出来，可以了却当事人的心愿。现有"以上事实有……证据为证"的制作模式，很难达到这一目的，当事人不知道自己所举证是否包括在内。

第三，写明各当事人在法庭上的质证情况即一方当事人对另一方当事人所举证材料的客观性、合法性与关联性进行对质核实的情况（这是法庭下一步认证的前提。这样表述，也体现了当事人举证与质证的重要作用，同时也能反映庭审过程。）

第四，写明法庭对案件证据的认证情况，包括当事人所举证据以及人民法院收集调查的证据哪些应当采信，哪些不该采信，并说明理由（这是现行裁判文书一律用"以上事实有……证据为证"这一习惯做法的突破。现行做法可以使庭审真正发挥出来，能够让当事人对证据的采信知之其然，也知之其所以然，防止庭审走过场）。

第五，法庭根据当事人诉辩、举证、质证和法庭认证的情况，确定案件的法律事实，并对每一事实的认定作出合乎逻辑的说明（表述方式不再用"经审理查明……"，而用"经过上述诉辩、举证、质证和认证，本庭认定法律事实如下……"。现行的裁判文书样式都是先写事实，后写证据，这是不符合逻辑结构的，人民法院认定的事实应建立在所认定证据的基础上，即应是先有证据再依证据分析认定案件的法律事实。这不仅仅是单纯文字或结构上的变动，它实际上体现了诉辩式审判模式的要求，这需要我们的法官树立新的审判观念和新的思维方式）。

最后，写明判决理由（此部分是整个裁判文书的灵魂，应当根据认定的事实与依据，针对当事人的诉辩主张，充分、深入地进行论证与阐述，既要有法理性分析，也要有使用法律理由的说明）。

审判方式的改革是为了司法公正，裁判文书是司法公正的最终载体。笔者认为，以上述观点调整目前我国裁判文书的模式就可能充分展示裁判文书的说理性、逻辑性和透明度，充分展示庭审过程的完整性和公开性，从而达到裁判结果的公平性与公正性。

# 法治 法律文书 审判逻辑

历史表明，法治既有赖于一定的社会物质生活条件即商品经济社会的支持，又必须符合与一定的社会物质生活条件变化、发展。我们不能说，关于市场经济的法律体系建立了，经济运行就法治化了；而法律体系的普遍化，也并不标志着法治国家的建立。任何有悖于法治逻辑性的制度的设立，实践证明或早或晚终将是一纸空文，因为商品经济既是推进法治的原动力，又给法治向着合乎自身逻辑性的发展提供着不可逆转的支持。市场越成熟、越发达，它给法治提供的支持就越稳固。

## 一、审判的一般法治逻辑

审判动态地反映着司法权的全部固有属性并具体地实现着司法权的基本职能。我国自改革开放以来，在由计划经济向商品经济过渡、市场经济转型的过程中，司法表现出了日益显著的法治功能。立足于中国国情，司法的权威及其独立、完整、稳定、不可侵犯的固有属性也在事实上逐步适时得到加强。中国法治进程的主要标志之一，便是司法。市场经济本能的极大地催发了社会主体的多元化，解除了对人的权利的禁锢，这一社会物质生活条件变化促使中国社会摒弃人治而代之以确立法律的权威，法治形成上下共识。厉行法治必须确立宪法至上，司法的权威直接禀承宪法的意志；除非宪法的意志，任何国家权力或者社会力量都无权对司法的权威提出挑战。正如美国宪法学家汉密尔顿论证："坚定、一贯尊重宪法所授之权与人权，乃司法所必具的品质。[1]"汉氏并且进一步深刻论述道："司法部门既无军权，又无财权，不能支配社会的力量与财富，不能采取任何主动的行动，故可正确断言：司法部门既无强制，又无意志，而只有判断；而且为实施其判断亦需借助于行政部门的力量。"在法治逻辑上，市场经济条件下凡涉及宪法、法律之一切矛盾，经宪法和法律授权并基于诉权，或者裁判，或者解释，司法都有权做出最后的回答：判决就是法律[2]。

　　司法权是厉行法治社会的基本国家职能。独立、完整、稳定、不受侵犯是厉行法治社会需要不断巩固的司法权的固有属性[3]。在厉行法治的进程中，司法的显著功能始终不可撼动，正如"无救济即无权利"的法治逻辑[4]，没有司法的权威也便无所谓法治。立法者制定与社会物质生活条件相适应的法律，必须遵循、恪守基于法治的法律的内在的逻辑性，而且必须不断为确立、维护司法的权威及其独立、完整、稳定、不可侵犯的固有属性付出努力、甚至是代价。否则，既有立法或者须经新的立法废除；或者经司法宣布为无效，这一司法审查的功能为厉行法治社会的司法职能所包涵，只是基于各国传统和现实的差异性对其限制与否而已。进而，法律的配套制度建设如果不是符合法律、法治的内在逻辑，不仅会对法律、法治自身合乎逻辑的发展形成阻碍也会对商品经济社会合乎规律的发展带来消极影响。

　　错误裁判，无疑是厉行法治社会的一大忧虑：司法权不可能遁于受约束。

---

[1] [美]汉密尔顿：联邦党人文集.商务印书馆1980年版.395页，391页。

[2] 龚祥瑞：论宪法的权威性.北京大学出版社.1985年版，50页。

[3] 罗豪才：资本主义国家的宪法和政治制度.北京大学出版社.1983年版，50页。

[4] 姜明安：基本权利的保障：从宪法到宪政.法制日报.2001－08－19（1）。

"一切有权力的人都容易滥用权力，这是亘古不易的一条经验。有权力的人们使用权力一直到遇有界限的地方才休止。""要防止滥用权力，就必须以权力制约权力"[1]。致力于法治目的，司法权已经构筑了秉承宪法意志不断自我完善的诉讼法治体系——诉讼法律，一切的监督，内部监督抑或外部监督，都必须尊重、因循诉讼法律的原则、规则、程序而不容许有任何的僭越。经由法官制作的裁判无论生效与否，都是根据具体的事实材料，通过程序性法律适用实体性法律"克隆"的"法律替代物"，因为其具备法律的基本属性，因而就是法律本身。因此，裁判可能有失公正，但无所谓错案，更无论错案追究。这种论断也揭示着司法权对于一个厉行法治的社会的意义是何其重大！

# 二、法官任职资格和抗辩式审判

司法禀承宪法所授之权，担当捍卫宪法、法律的重任是通过严格地执行诉讼法律来实现的，这是关于司法的内在的、本质的外在表征。司法的这一内在的、本质的外在表征包含了两个基本问题：其一是法官任职资格问题，其二是审判运作方式问题。

马克思早就说过："法官除了法律，就没有别的上司。[2]"司法的原意为对法律负责，也只应对法律负责，它通过作为人的法官履行、实现其审判职能。"人的本质并不是单个人所固有的抽象物，在其现实性上，它是一切社会关系的总和"。人既具有个体性，也具有社会性。如何对法官作为人的个体性和法官作为人的社会性以合乎理性的法律上的界定是厉行法治社会之于法官的必然要求。

法官作为人的个体性，指的是他作为一名法官必须具备的相应的足够

---

[1][法]孟德斯鸠：论法的精神.商务印书馆.1982年重印本.154页。
[2]马克思恩格斯全集第1卷.人民出版社.1995.76,18。

的法律素养，这是其所以成为法官的资格；法官作为人的社会性，则是指他因为是一名法官而必然地遵循诉讼程序，也只须通过诉讼程序主持案件的审理并作出裁判从而实现一名法官的全部社会价值。职业要求一名法官的个体性和社会性的正确结合，囿个体意志于法律的自由王国，严格奉行法治主义，在法律程序的运作之中，判断适用法律的正确性，作出合乎法律逻辑的裁判。只要法官的行为合乎法律，法官的自由适用法律的权利即为法治所当然认可、维护。"以行为正当作为法官任职条件无疑是现代政府最可宝贵的革新。在君主政体下，此项规定是限制君主专制的最好保证；同样，在共和政体下，也是限制代议机关越权及施加压力的最好保证。在任何政府设计中，此项规定均为保证司法稳定性及公正不阿的最好保证。[1]"

　　转型中国抗辩式审判的价值在于它的民主成分的充分渗透，从而赋予审判更为充分的内涵，进而使得市场条件下的权利在审判中获得了得以维护和再实现的更为充分的保障。它使得集中相对于一个更为充分的民主，也因此相对淡化了权力，尽显法律的本质属性。抗辩式审判不仅定格法官相对于社会的消极的理性的位置，从而留给当事人以权利的最大最完善的空间；而且抗辩式审判本身因为以权利而不是以权力为基石，进而从制度上对法官依法公正审判在制约机制上近乎完善。案件的审理存在事实审和法律审的区分，但审判程序中的事实只是作为法官依据法律进行裁判的现实铺垫，它由两造来完成，必要地是辅之以社会提供的法律支持，即律师或代理人的参与。无论是其他国家的陪审团制度，乃至于我国的人民陪审员制度，无非是通过法官的民主在事实审、法律审的充分渗透，进而使得集中过程之中的裁判最大可能甚至无保留地建立在民主的基础之上，呈现民主的基本属性并彰显诉讼法治、程序法治之于法治的独立价值甚至在完全意义上的实现。

　　就司法本身的意义而言，法院、法官应当具有同等的价值；只不过，由法官裁判的案件是以法院的名义向社会发布。"权利决不能超出社会的经济结构以及由经济结构制约的社会的文化发展"。法官任职资格也好、抗辩式审判也罢，作为确立、维护人民法院、法官权威及其独立、完整、稳定、不可侵犯的固有属性的中心环节，同样不能超出社会的经济结构以及由经

---

[1] 马克思恩格斯全集第3卷.人民出版社.1995.305。

济结构制约的社会的文化发展。审判的逻辑乃至法治本身就是一个过程，而且始终是一个过程，然而，即便如此，法官基于法治的责任，也只能从法官的是否行为正当要求。

# 三、程序法治的深度挖掘与建构

审判的逻辑是这样地寄予法官以宽容，因为法官就是法律的化身，裁判就是法律在个案的落实，乃至有裁判法律化的极致判例法，更有英国历史学家梅因在对古代法律社会深入考证之后作出的"判决先于习惯，司法先于立法[1]"的著名论断。

《中华人民共和国宪法》第三条第一款规定："中华人民共和国的国家机构实行民主集中制的原则。"我们往往容易从政治的角度而不是从法律的角度把握民主集中制的实质内涵。在中国，国家生活、社会生活正日益广泛、深入地表现为法律生活。民主集中制之于市场条件下的审判运作，其民主属性不可回避地为市场经济所赋予，在当前的审判方式改革中则首先以抗辩式审判的不断探索、确立而表达出来，其集中也必将皈依宪法和宪政。人民法院、法官承担的是或必将是宪法而决不是其它权威赋予的天职。在厉行法治的社会里，司法是宪法和法律的忠实守护者，损司法则损法治。诉讼法律完整地揭示着民主集中制基本国家理念的法治蕴含。作为过程的诉讼法律的任何一级裁判都是合乎理性的，它是诉讼法治赖以实现的基本特征，司法成长着的一以贯之的权威及其独立、完整、稳定、不可侵犯的固有属性作了雄辩的历史性注释[2]；民主集中制基本国家理念之"集中指导下的民主，民主基础上的集中"的通常解释从诉讼法律之中演示着它的法治的

---

[1] [ 英 ] 梅因：古代法 . 商务印书馆 .1959.2。

[2][ 美 ]Justice William O.Douglass Comment in Joint Anti-Fascist Refugee Comm. v.Mcgrath. United States Supreme Court Reports, The Lawyers Cooperative Publishing Company. 1951.858,768。

蕴含，或者说，作为形式的诉讼法律是作为本质的民主集中制实现法治形态的必要乃至充分的现实载体。诉讼法律、程序法律作为历史性的宝贵遗产，也成为当代中国因循民族传统，实现法治形态的直接的乃至首要的外在表征和内在说明，"权利法案的大多数规定都是程序性条款，这一事实决不是无意义的。正是程序决定了法治与恣意的人治之间的基本区别"。

宪法和法律之于现实生活（无论国家生活还是社会生活）日显突兀地树立起它的权威。它委授人民法院、法官以衡量、评判事物的正义性即合乎宪法、法律的权威。而人民法院，法官担当此重任又必须以其固有的独立、完整、稳定、不可侵犯的固有属性为前提。人民法院、法官必须具有在遵循程序性法律的过程中适用实体性法律的权威及其独立、完整、稳定、不可侵犯的固有属性，任何一名法官，任何一级法院所作的任何一项裁判都为宪法和法律所确认，当然也应当能够为人民法院、法官自我救济。除了司法，没有也不应有高于司法的法外的"司法"权威。有必要附加的是，古老的"自然正义"（natural justice）基本原则"任何人不应成为自己案件的法官[1]"对人民法院、法官作为当事人同样适用，罢免程序（国外或为弹劾程序，如美国）作为外部监督程序是诉讼法律程序相辅相成的延伸，它适用于人民法院、法官也只能以人民法院、法官的是否行为正当提起。《中华人民共和国宪法》第三条第一款之于审判的意义在于：基于宪法和法律，作为法律过程（不仅包括作为程序法律的过程，而且包括作为程序法律过程之中的实体法律过程）的审判，因为本质上它是通过法官的法律本身的运作过程，因而就是法律本身。裁判作为法律过程的产品，无非是法律从抽象形式到具体形式的转化，是个案的落实。在充分体现民主与集中的审判过程的任何一个环节，过程和结果，都因为其具备法律的基本属性而为法律所当然确认。这也正是在厉行法治的社会司法的权威赖以确立和其独立、完整、稳定、不可侵犯的固有属性需要一再强调的理性所在。

---

[1] 王名扬：英国行政法．中国政法大学出版社．1987 年版．160 页。

# Part 2

F 实
  务
  篇

# 肇庆学院政法学院法律文书课程的改革

## 一、政法学院简介 [1]

政法学院现有教职员工52人，其中教授5人，副教授13人，有博士学位的21人，硕士学位的26人。学院聘请了广东省首届十大优秀社会科学专家、华南师范大学陈金龙教授为名誉院长，同时还聘请了50多位来兄弟高校、公检法、教育、律师行业、企业的兼职教师。现设有思想政治教育、法学、政治学与行政学、行政管理4个本科专业，全日制在读生1700人左右。双学位辅修、函授招生也顺利开展，办学规模不断扩大。为配合国家西部发展大战略，各专业于2010年开始，每年相继录取30名来自新疆喀什地区的学生接受本科层次的高等教育。

在多年的办学实践中，政法学院形成了全方位、全过程和全员育人的大格局，构建了促进学生多元发展、个性发展的有效机制，不仅注重引入国内高水平的智力资源进行学术指导，同时推进国际化的学术交往，特别

---

[1] 政法学院简介部分摘自政法学院官网

是与波兰亚当·密茨凯维奇大学合作日益深化，有越来越多的学生走出国门。同时，还积极举办高水平学术研讨会，为师生的发展构建宽广的舞台，拓展学生的思维视野，养成一种站得高看得远的良好素质，以适应复杂多变的社会生活。

法律系现有专业教师 20 人，其中，教授 2 人，副教授 7 人，讲师 9 人；专业教师中拥有博士学位的 6 人，拥有硕士学位的 11 人。另外，为了促进法学专业建设再上一个新台阶，政法学院特聘请了中国政法大学的李显东教授担任名誉院长，指导法学专业建设和课程建设。为了强化实践教学，培养法学专业学生的实践能力和动手能力，政法学院还聘请了一批法官、检察官、律师作为法学专业的兼职教师。目前，法律系专兼职师资队伍完全能够满足法学专业的教学需要。

法律系共开设律师和金融法两个方向的全日制法学本科专业，并自 2014 年 9 月起开设卓越律师实验班，开展卓越法律人才培养模式改革。除此之外，法律系还招收法学双学位学生、法学函授本（专）科班。目前，政法学院法学专业教育已经形成了以全日制本科专业教育为主，以法学双学位教育和法学函授教育为两翼的法学专业教育体系。

法学专业建有一个能够容纳 110 人、与肇庆市中级人民法院审判庭同样标准的模拟法庭，建立了肇庆学院法律援助工作站、政法学院法律诊所实验室，与肇庆、云浮两市检察院联合设立了肇庆市检察官培训基地和云浮市检察官培训基地，与广东勤思进律师事务所合作建立了广东省大学生实践教学基地——肇庆学院法学教育基地，在肇庆市中级人民法院、肇庆市人民检察院、端州区人民法院、端州区人民政府、肇庆市仲裁委、肇庆市妇联、广东天量律师事务所等多家单位建立了 12 个法学专业实践教学基地。同时设置有肇庆市法律援助处肇庆学院法律援助工作站。这为法学专业学生提供了充足的校内实践教学平台。政法学院在律师事务所、法院、检察院、公安局等单位建立的实践教学基地则为法学专业学生提供了充足的校外实践教学平台。

2012 年 3 月，政法学院将既有实践教学小组资源整合而组建实践教学部，旨在加强学生的实践动手能力的培养，更好地落实肇庆学院"学术并举，崇术为上"的办学理念。实践教学部借助校内外实践教学平台，依托强大的实践教学团队，采取"走出去"和"请进来"相结合，基础训练与专业训练相结合，集中训练和分散训练相结合等形式，来提高学生的专业实践能力。实践教学部目前下设六个实践教学小组，包括基础实践和专业实践两大模块，分别为演讲与口才、模拟法庭、法律文书、习作训练、师范技能训练、法律诊所等。其中"演讲与口才"、"习作训练"是基础实践教学项目，旨在提高学生的说和写的能力，培养"站起来能说，坐下来能写"的政法学子。模拟法庭、法律文书、法律诊所、师范技能训练是专业实践教学项目，旨在提高学生的专业技能操作能力和创新能力。此外，实践教学部还配合院系领导做好见习、实习、社会调查等社会实践活动，协助理论课程任课老师开展实践教学活动。实践教学部将继续探索实践教学的新内容、新方法、新规律，改革和创新实践教学工作。通过师生的共同努力，实践教学部的实践课程开展必将为高素质应用型人才的培养奠定良好的基础。

政法学院发挥法学专业人才的优势，积极服务地方法治。2015年7月，肇庆市地方立法研究评估与咨询服务基地在肇庆学院成立，由政法学院具体负责日常工作；依托于立法基地的运作，肇庆学院于2016年1月加入广东省地方立法研究高校联盟。

法学的培养目标是以完善中国社会主义市场经济体制、建设社会主义法治国家的需要为宗旨，培养德智体美等全面发展，具有宽厚的文化基础、较高的法律素养和道德素质，忠实于宪法与法律，熟练掌握法学基本理论，具有一定的实践能力，能够在司法部门、行政机关、律师事务所以及企事业单位或其他组织实体中从事法律实务和相关工作的应用型专门人才。面向未来，法律系将继续坚持以教学质量工程为依托，深化以法学专业建设、课程建设和实践教学体系建设为主要内容的人才培养模式改革；以社会需求为导向，不断调整专业建设方向和规模，提高学生就业率，扩大社会对我院法学专业学生的社会认可度；注重人文道德修养教育，强化学生创新能力和动手能力培养，力争使我院法学专业学生毕业时成为理论功底扎实、动手能力和社会适应能力强的应用型法律人才。

政法学院在学校新一轮发展中，正努力营造"民主、团结、和谐"的人文氛围，缺乏这种具有崇高社会价值聚合而成的良好环境，就不能让生活于其中每个人都迸发出努力奋斗的激情，大学就不能成为高贵的精神家园。

# 二、课程改革 [1]

　　根据十八届三中全会精神，增强高校办学自主权是高等教育改革的大趋势。广东省 2013 年出台扩大高校办学自主权的 36 条意见，针对教育教学改革等 12 个方面出台相关政策措施以推进高教改革。教育部 2014 年工作要点提出：启动实施国家和省级改革试点，引导一批本科高等学校向应用技术类型高等学校转型。教育部等四部门已经印发《关于地方本科高校转型发展的指导意见（征求意见稿）》，目前正制定应用技术型高校设置标准、专业标准等，推动省级政府制定试点实施方案。面对国家高教改革的新政策、新措施，地方本科高校在人才培养和教育教学改革方面都面临严重挑战。培养应用型法律人才便成为地方本科院校法学教育教学改革的必然选择。尤其是在我国经济快速发展和经济社会协调发展的背景下，社会对应用型法律人才的素质又提出了新要求，教育部 2007 年 1.2 号文件及《肇庆学院本科教学质量与教学改革工程实施方案》有明确指引。

　　法律文书是实施法律的一种重要载体，《法律文书写作》是高校法律学科的重要组成部分，是一门应用性、实践性比较强的综合性法律应用学科。早在 1986 年 6 月国家司法部发布的《关于司法部部属政法院校法学专业本科学时教学方案（试行）》中就明确规定法律文书为法律专业必修的专业基础课程之一。法律文书的写作能力，是法律学科人才必备的一种重要能力。上世纪九十年代以来，法律文书一直是律师资格考试、法官资格考试、检察官资格考试的必考内容，从 2002 年开始法律文书写作业已成为国家司法考试的必考内容。因此，作为法学专业教学一线教师，面对新形势和新要求，我们有必要对法学专业必修课之一的《法律文书写作》课程进行教学改革

---

[1] 笔者曾主持完成肇庆学院教务处教研项目"《法律文书写作》案例教学法"、"分层 - 类型理论在《法律文书写作》实践教学中的应用"，现主持 2015 高等教育教学改革项目"应用型本科高校《法律文书写作》课程教学改革"，该部分内容得到许英、余发勤等同事的大力帮助，谨致谢忱。

与创新研究。

### （一）法律文书教学现状分析

法学生源梯次可以分为研究生、本科生、专科生等，梯次不同，教学内容和侧重点自然有别，教学具体目标自然有差异性。研究生层次，重在方法论和实战的有机结合，本科生层次，重在系统的基本知识和结构体系以及能力训练，专科生层次，重在基础知识和实战训练[1]。

#### 1. 地方本科院校法律人才培养目标定得较高，缺乏特色

现有的法学专业人才培养方案将人才培养分为应用型、复合型、学术型三种类型。在地方本科院校发展转型的大趋势下，法学专业的人才培养需要突出特色，地方高校之间的激烈竞争也要求我们的人才培养必须突出特色。培养应用型法律人才既是地方本科院校法学教育教学改革的必然选择，也是突出其办学特色的重要方面。

#### 2. 传统的以讲授为主的教学方法仍占法律文书课程教学主流

教学方法的改革对应用型法律人才培养目标的实现至关重要。传统的讲授法为法律文书教学方法的主流，与应用型法律人才的教学目标有一定差距。因此，该课程教学方法的多样化是教学改革的关键一环。然而，要实现教学方法的多样化就要求对各种教学方法进行探讨，以便根据教学目标、教学内容和教育对象进行相适应地运用。

#### 3. 传统教学方式在一定意义上存在与司法实践脱节之处

传统法律文书教学过程中，往往因为特定的教育目标，基于政治的、道德的、法律的等原因，繁杂的法律现实问题摆到课堂上，就会变得条理化和理想化，与司法实践脱节，致使法律文书教学永远跟着格式跑。似乎法律文书的教学就是叫学生如何套用格式，这在很大程度上制约了学生的学习积极性，也影响了法律文书的教学质量。教学中经常使用的案例教学法，基于给定的事实和证据开展教学，将实务中非常关键的事实挖掘、证据组织和法律文书写作等最具有创造性的活动完全忽略，预先设定结果，

---

[1] 赵朝琴：《多向度的法律文书学方法论研究》，河南大学出版社，2008 年，231 页。

其实是对真实法律职业活动的错误解读。如何摆脱以格式为主的教学方法，打破以往的"概念—格式—写法"的传统教学模式，让学生在法律文书写作中学到一种以不变应万变的方法，即不管格式如何变化，学生都可以根据所学到的知识写出合格的文书，这是学界着力思索和探讨的一个问题。

**4. 学生写作的积极性没有充分调动起来，法律文书练习量尚待进一步提升**

法律文书写作课程特点明显：一是综合性。该课程既是一门应用写作课，课程讲述的写作知识必须符合一般的写作规律，同时它又具有法学专业课程的特点，而且法律的特定要求既涉及程序法又涉及实体法，又必须严格按照法律对文书写作的特定要求进行写作。二是实用性。从事各项法律活动都离不开法律文书的使用，其中有的是启动法律活动的手段，有的是解决法律问题的文字凭证，有的是法律活动的实录。法律文书既是法律活动运作的工具，又是法律活动的文字载体或结论。三是技能性。本课程不仅要求学生熟悉并掌握法律文书的各种写作知识，而且要求学生不断提高其实际操作的技能：在掌握了文书写作知识的基础上，进一步作到能用会写。因此，在该课程的学习过程中，应配合必要的写作演练，以有效提高学生写作法律文书的实际能力。在课程考核中，也应把实际写作能力的高低作为考核学生的主要内容。当前高等教育已经进入大众教育时代，就业多元化成为必然。政法学院法学专业学生进入司法机关工作的比例在逐年提高，同时相当比例的学生进入律师事务所或公司法务部门工作，这对学生文书写作能力的培养提出了更高的要求。学生写作的积极性没有充分调动起来，法律文书练习的量尚待进一步提升。因此，培养全面发展的应用型人才，适应政法学院学生就业多元化的趋势，加强文书的练习已然亡羊补牢。

**（二）法律文书教学改革内容**

传统法律文书教学是以掌握法律文书的理论知识为目的，以通过各种考试为标准，主要是讲解法律文书基本概念、基本理论、基本知识，即平常考试要求的"三基本"。其次是讲解法律文书中的重点、难点和疑点，即考试要求的"三点"。因此教学的基本模式是先讲概念，再讲格式，最好结合实例讲一下文书的写作方法，教学中的一个重要目标就是要求学生掌握法律文书的格式。但是法律文书种类繁多，数不胜数，笔者粗略的统计了一下，仅公、检、法三家的格式加起来就有近千种。教学中只能讲授为数不多的主要的几种，这样一来学生觉得法律文书是多而杂，不好掌握，因而学习的积极性也不高。

法律文书的写作不是有样学样、比葫芦画瓢，它是个性与共性的统一体。因此必须打破已往的"概念－格式－写法"的传统教学模式，以既有政法学院实践课程开发与建设为基础，以法律援助中心、模拟审判实验室为依托，在案例教学法基础上深入法律诊所教学，适度加强法律文书写作练习力度。

通过前述改革，从而达到如下目标：

**1. 学生学习能力的提升**。从《法律文书写作》课程教学的角度，让学生在法律文书写作中学到一种以不变应万变的方法，即不管格式如何变化，学生都可以根据所学到的知识写出合格的文书。

**2. 培养了学生适应司法实践的能力**。通过分析案例使学生把学到的法律知识和法律文书写作结合到一起，一方面加深了学生对以前专业知识的记忆和理解，另一方面立足法律的角度分析法律文书材料的要素，使法律文书的教学不再枯燥乏味，更主要的是让学生学会一种方法。

**3. 法律知识体系的优化**。法律运行的流程是"实体法－程序法－法律文书"，徒法不足以自行，法律的实施要依靠国家机器，而后者保障和体现法律实施最主要和最直接的表现形式就是法律文书。实体法是规定社会秩序行为的法律规范的总和，是解决实际问题的，它本身无法施行，只能借助于程序法，程序法是施行法律之法，没有程序法，实体法就无从施行。而每进行一个诉讼程序，都必须以一定的文书形式予以记载，作为文字凭证。从这个意义上说，法律文书是推动诉讼程序和诉讼活动，记录诉讼过程和结果的载体。因此法律文书教学必须是在学生熟练掌握法律基础知识，学好程序法的情况下进行。

众所周知，自亚里士多德以降，系统的逻辑思维成了各个学科"科学"的基础之一。然而，逻辑本身在其发展的一开始及过程中也遇到困难，最为显著的是各种悖论。为克服这些涉及学科基石的困难，逻辑学家们针对具体的困难提出各种理论。为建立其数理逻辑，罗素提出的"类型－分层"

理论在逻辑学和数学领域具有相当的应用价值。对于解决法律推理和法律文书写作中的许多困境，这一理论同样具有启发意义。虽然自霍姆斯的《普通法》以来，"法律的生命不在于逻辑，而是经验"成了英美法律格言。但逻辑是基础，任何一个学科都不可能离不开逻辑，霍姆斯只是强调逻辑不能解决法律的所有问题。法律推理中的悖论，以及与课程相关的大量法律文书的写作广泛涉及，而且在学生工作以后的司法实践中要经常面对，这些问题或多或少已经为法学工作者所论述和说明，因此在法律文书教学中对课堂教学进行改革十分必要。

**（三）实施方案、实施方法及可行性分析**

《法律文书》课堂教学在经典案例教学基础上引入"类型—分层"理论，实施法律诊所教学、逆向思维教学，加大写作练习力度，以既有政法学院实践课程开发与建设为基础，以法律援助中心、模拟审判实验室为依托，适度加强法律文书写作练习力度。同时，走入社区，开展符合政法学院法律专业特点社区服务型实践课程。

政法学院已经建成包括有专任教师、法律援助中心（法律诊所）、模拟法庭多功能教室、案例库以及法律实践课程体系共同组成的"肇庆学院校内法律实践教学基地"，已形成具有我校特色的法律实践教学机制。

政法学院法律文书教学团队任课教师，或曾在司法实务部门工作多年，或任兼职律师、仲裁员，实践经验丰富，一直与国内同行保持友好联系，具有长期的高校教学与管理经验。政法学院案例库能为本课题的开展提供丰富的案例资料。

社区实践课程建设与开发研究的基础：政法学院与肇庆市端州区相关社区曾经合作进行法制宣传、社情民意调查等实践活动，合作基础较好。这种合作为我们进一步建立制度化的实践基地、建设课程化的实践活动提供了良好的条件。在肇庆市端州区的居民社区就地建立实践教学基地，交通成本开支较少、日常指导及管理到位，是实践教学活动具有可行性、实际操作性的基本前提。

校内实践基地的建设基础良好：第一，在建立校内法律实践教学基地方面，国内外都有很好的，具有可借鉴性和可操作性的经验与方法。第二，我校举办法律专业已有十几年，师资力量在同级别的院校中有较大的优势，尤其是近年来在社会实践方面取得了不少的成绩，积累了丰富经验。第三，我校已建有一定面积且设备齐全的模拟法庭多功能教室，一直坚持开展模拟审判活动，对参与真实案件的学生的行为进行事先模拟训练仍具有极大的作用。

具体改革措施包括如下方面：

**1. 以法律运作的流程为导向，通过分析、解剖案例把法律推理和悖论解决、法律文书写作结合在一起，以文书的写作逆向寻求实体法和程序法的规定，强化教学效果。**

必须熟练掌握诉讼流程，以刑事案件为例，学生必须对如下刑事诉讼流程图烂熟于心，并对各个流程所涉环节相关文书大致了解。课程实践教学涉及大量具体案例和法律文书，使教学适应法律文书的实践，把文书放到诉讼环节中讲授。要求学生知道在具体的诉讼环节应该使用哪一种文书，应该怎样组织材料才能达到其诉讼目的。

刑事诉讼流程图如下：

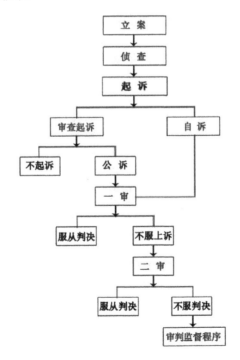

**2. 教学中体现法律文书共性与个性相统一的特征。**共性是固化的程序内容，虽然非常重要和不可或缺，但是由于写作方法相对简单，因而不是教学重点。个性内容是具体的案件情况，在实践中呈现出千变万化的鲜明个性，表达虽有规律可循，但是不易认识和运用，因而是教学重点。共性内容与个性内容是统一体，共性内容为个性内容划定表达的边界，即体现出程序理性的决定作用，构成法律文书的骨架，个性内容需要在共性内容的框架内展示，受到程序边界的制约，形成法律文书的血肉 [1]。

**3. 淡化法律文书格式讲述，以法治理念、法治思维引领法律文书写作技能。**法律文书是程式化的文书，制作程序和格式必须符合法定的要求，但是教学过程中过分强调格式甚至唯文书格式是从的一元论现象，弱化了文书制作者的主导地位，导致该课程教学内容的失衡。

以刑事文书为例，公安部发布的《公安机关刑事法律文书式样（2012版）》，文书由原来的六大类变更为七大类，由 92 种增加到 97 种。最高人民检察院 2012 印发《人民检察院刑事诉讼法律文书格式样本 (2012)》一共 223 种。

法院系统刑事、民事文书没有大的变更，但新的行政诉讼文书样式严格按照新《行政诉讼法》的规定，共 132 个。其中，指导当事人诉讼行为的起诉状、答辩状、上诉状、再审申请书等各类文书 21 个；规范人民法院司法行为的通知书、决定书和各类函件等 66 个；判决书和裁定书 42 个，调解书 3 个。新裁判文书样式强调以审判为中心，让案件审理和裁判更加针对争议焦点，重视通过证据交换和庭前准备程序确定当事人无争议的问题，更加符合审判权运行规律。同时，更加强化裁判文书说理，并注意繁简得当，为了让审理和裁判更加透明，人民法院制作的所有的裁定书和判决书，都要求以附录方式明确裁判所适用的相关法律依据，以看得见的方式实现司法公正。为了适应新行政诉讼法的新规定，还新增一审行政协议类行政案件用判决书、复议机关作共同被告类一审行政案件用判决书、行政调解书、简易程序转普通程序行政裁定书以及对规范性文件提出处理建议用的处理建议书等。

---

[1] 赵朝琴：《司法裁判的现实表达》，法律出版社，2010 年。

必须从法治理念、法治思维的角度对待文书的格式，格式是为内容服务的：

**英美法系判决书的结构模式**

| 组成要素 | 内容 |
|---|---|
| 首部 | 法院名称、审级。<br>当事人基本情况。<br>案件名称和编号。<br>诉讼过程。 |
| 正文 | 事实：当事人各自主张、争议焦点和法院认定的事实。<br>可以适用的法律、理由和结论，其中理由部分要说明适用法律或者案例的依据，法院决定的标准。 |
| 尾部 | 法官署名，判决日期。 |

**日本判决书的结构模式**

| 组成要素 | 内容 |
|---|---|
| 首部 | 案件编号与案件名称。<br>口头辩论终结的日期。<br>当事人及其法定代理人、委托代理人的主张。 |
| 正文 | 判决结果。<br>诉讼费用判定。<br>事实：<br>当事人的请求权<br>原告主张<br>被告答辩<br>当事人的主张<br>原告主张的请求原因 |

| | 被告对请求原因的态度表示（承认、否认或不知） |
|---|---|
| | 被告对请求原因的抗辩 |
| | 原告对被告抗辩的态度表示（承认、否认或不知） |
| | 原告的再抗辩（针对被告抗辩的抗辩） |
| | 被告的再次抗辩（针对原告再抗辩的抗辩） |
| | 理由：争议焦点及法院认定的事实 |
| | 证据的列举 |
| | 对争议焦点的判断认定及说明 |
| | 法律的适用 |
| | 结论（明确理由与判决结果的关系） |
| 尾部 | 审理法院的表示 |
| | 附件：证据目录 |
| | 不动产之特别说明事项 |

## 清末《考试法官必要》所规定的判决书结构模式

| 组成要素 | 内容 |
|---|---|
| 首部 | 审判厅之名称 |
| | 当事人姓名、籍贯、年龄、住所和职业 |
| | 辩护人、代理人姓名 |
| | 案由和案件来源 |
| 正文 | 主文（判决结果） |
| | 事实和证据，援引法条和援引之理由 |
| 尾部 | 推事（法官）署名 |
| | 审判署压印盖章 |
| | 判决日期 |

### 我国现行法律文书的基本结构模式

| 组成要素 | 内容 |
|---|---|
| 首部 | 标题<br>案号<br>法律行为主体及其自然情况<br>案件所经过的法律程序 |
| 正文 | 事实<br>法律依据<br>结论 |
| 尾部 | 交代当事人的诉讼权利<br>致送对象<br>署名和日期<br>附项 |

**4. 结合就业状况，反馈教学，实现课堂教学的繁简分流，重点突出。**从教以来，本人多次担任法律文书写作课程的教学工作，为了总结经验，查漏补缺，促进课程的实践建设，本着教学相长的原则，在政法学院领导的大力支持以及法学专业教师的鼓励和帮助下，2016 年 5 至 6 月，针对 2000级以来法学专业且正在从事法律相关工作的毕业生，开展了政法学院《法律文书写作》课程教学远程追踪调查。本次调查共发出调查问卷 200 份，收回 200 份，调查区域涉及广东省 18 个地级市，涵盖珠三角及粤东粤西两翼（调查结果见附录部分）。针对该调查结果，法律文书的课堂教学进行了相应改革，文书部分的教学以起诉意见书、起诉书法定文书和律师诉讼及非诉讼文书为主，加大课堂课余法律文书练习数量。

**5. 通过"法律援助中心"、"法律诊所"等，向社会弱势群体提供无偿的法律服务，为肇庆地区法治建设服务。**完善模拟法庭教学活动，在现有基础上，增加对学生办案过程的全方位的模拟训练，使其能充分发挥实践教学作用。借助于地方司法系统，收集并整理过期各种典型案件，按学科分类别建立典型案例库，为实践教学、案例教学活动提供原始素材。在法律援助、诊所式服务等实践活动基础上，整合现有的法律实践类课程，制定模拟法庭教学计划，构建并逐步完善法律实践课程体系。建立面向实践的专业课程机制，面向市场经济和法律职业实务的主战场，增加案例教学、方法论教学的比重，树立"问题 - 解决"教学思想，强化全国统一司法考试教学权重。在老师配备上，强调有适当人数的资深实务人士聘为客座或兼职教授；聘请法律实务中的资深律师定期来校开课（如专门的律师实务，或者特定法域的选修课）。强化毕业前实习课程的教学和考评，协调召开相对固定的用人单位来校招聘会。有一定数量的实习基地和调研地（如人大、法院、检察院、律师所、法律服务所、监狱等），加强模拟法庭、法律诊所、法律社团以及自办刊物、网站的建设。强化"全国统一司法考试"在法学教育教学中的权重，鼓励教师结合法律实务进行教学。

**6. 立体化教学模式的设计与运用**。随着网络技术的普及，信息化已经成为人类社会发展的潮流，大学教育也在经历巨大的变革以顺应信息化社会的到来。信息技术与法学课程的整合是法学教育教学改革的重要内容，也是法学教育实现可持续发展的物质条件和保障。与其他学科一样，法律文书学也正经历着从传统的教学模式向信息化、多元化、立体化的教学模式的变革。探索新型的法律文书教学改革的模式，是优化教学结构、提高高等院校法律文书学教育教学质量的必由之路。

**（1）教学资源的立体化设计**。

法律文书教材立体化建设是建立和实现高校立体化教学模式的重要前提。信息技术的发展应用，为法学教学资源提供了丰富的、多元化的多媒体表现形式。尤其是在"互联网 +"背景下，学生对多媒体教学资源的需求日益增加，学生需要更多的应用性、立体化、开放的学习资源，需要大量的随机可查可取的智能型学习资源。为此，需要以信息技术为基础，运用系统论的方法，建立立体化的教学资源系统。政法学院在法律文书教学过程中，建立了"立体化"的资源模式，为法学教育教学的改革积累了宝贵经验。首先转变教学思路，从传统教学只关注纸介教材的编写、教学，转向对课程教学资源的综合利用上来，为学生提供了丰富多彩的可供选择的多元化、立体化的新型的教材模式。其次，进行教学资源的立体设计。在传统的以纸质教材为主的基础之上，设计运用了"纸介图书＋导学光盘＋学习卡＋学科网站"这一新型的教学资源建设模式。

**（2）进行教学模式的深层次拓展。**

首先，硬件和软件支持系统的完善。法律文书教学的硬件设施的配套与完善，是建立和实施立体化教学模式的重要物质基础。法律文书软件支持系统的开发与完善，以信息技术为手段，充分发挥信息技术，建立立体化教学模式的重要保障。运用网络信息技术扩展了教学的空间和时间。其次，教学策略的优化创新。强化对学生司法实务操作能力的培养和训练，在信息技术的背景下，根据法学专业的学科特点，积极改革和调整传统教学中僵化、呆板的教学模式 选择创新型的、利于法律人才培养的教学策略，科学地设计包括培养模式、课程设置、教学方法、教学评估标准和手段、就业模式等多方面的教学方案。在教学内容设计上，教学内容的组织与安排分理论教学与实践教学两个环节。理论教学又分三个模块，即基本模块（保证基本要求和基本素质）、继续深造模块（满足部分考研和其他需求）和自学模块（本课程前沿的知识和部分史料，扩大学生的知识面）。此外，因势利导借鉴翻转课堂、微课、慕课等新型现代化的教育教学模式，使得法律文书教学形式更加丰富多彩、教学内容更加生动形象、学习途径更加开放。

**（3）教学实践一体化设计。**

实践环节是法律文书教学中不可或缺的重要组成部分，以法学实践教学为平台，以教学实验室为依托，借助于网络教学通讯工具的支持，通过实验、实训、实习等灵活多样的教学方式，引导学生主动思考、自行操作、自主探索、自行发现问题、自行解决问题，使学生在不断探索中，实现学有所得，学有所用，实现实践与教学的一体化。激发学生独立思考，培养学生的口头表达能力、应变能力以及法律文书的制作能力等综合能力。

# 公安机关《起诉意见书》的制作

　　起诉意见书是公安机关在案件侦查终结后，所使用的重要司法文书，也是检察院审查案件，决定是否提起公诉的基础，是侦查预审活动的总结，集中反映了公安机关的办案质量，故制作时应严肃、认真、仔细，力求做到层次分明，条理清楚，结构严谨，客观真实地反映案件事实，准确适用法律。

　　根据刑事诉讼法的规定，公安机关侦查终结的案件，做到犯罪事实清楚，证据确实、充分并且写出起诉意见书，起诉意见书，经县以上公安机关负责人（局长）批准，连同案卷、材料、证据，一并移送同级人民检察院审查决定。案件移送后，发现不应当起诉的或者人民检察退回补充侦查，经过补查，发现不应当移送起诉的，应及时撤回起诉意见书；如果发现犯罪嫌疑人有新的犯罪行为或者应当追诉的同案犯，可根据案件情况，重新制作起诉意见书或者制作补充起诉意见书。

　　《起诉意见书》是对案件侦查情况的全面总结，集中反映了公安机关办理案件的情况和质量，是公安机关刑事执法办案水平和质量的重要体现。必须严格按照《公安机关刑事法律文书式样（2012 版）》的规定，规范制作《起诉意见书》。

# 一、准确表述犯罪事实

《起诉意见书》中查明事实的内容，应着重详细写明犯罪嫌疑人的作案经过，语言要清晰、简练，认定的犯罪事实必须有相关证据予以证明，写已经查清的全部犯罪事实。所谓全部，一是犯罪的全部行为，涉嫌几条罪行就写几条罪行；二是犯罪的法定从重、从轻、减轻处罚或者免除处罚情节方面的事实；三是犯罪嫌疑人在侦查过程中检举、揭发他人犯罪活动或具有悔罪表现的事实。要围绕构成犯罪的四个要件展开叙述，但并非从理论上全面具体地叙述犯罪构成要件，而是通过对具体事实的时间、地点、动机、目的、方式方法、经过、危害后果等要素的叙述，体现出犯罪嫌疑人的行为事实已具备了构成犯罪的四个要件即犯罪嫌疑人在实施犯罪时所侵害的客体、实施犯罪的具体行为、行为人是否达到刑事责任年龄具有刑事责任能力、主观上是否具有故意或过失。

"认定事实"是诸多刑事类法律文书写作的核心内容。公安机关《起诉意见书》中要写侦查终结后认定的事实，公诉部门在《起诉书》中要写认定事实，法院在《判决书》中也要写认定的事实。实际上，侦查、起诉和判决最主要的三类文书都是以"认定事实"为核心的。

## （一）记叙文的"六要素"在"认定事实"写作中的运用 [1]

"认定事实"撰写的就是一个案件的事发经过，也包含着时间、地点、人物，事件的起因、经过和结果这"六要素"。

### 1. 时间

(1) 发生时间与持续时间。认定事实中的时间一般就是指案件发生的时间。基本上分为两种情况：一种是案件发生时的具体或大致时间，如"2014年7月19日14时许"；另一种是持续的时间，如"张某在2011年6月22日至2014年5月18日任某局副局长期间"。

---

[1] 葛鹏起：《检察官的七项核心技能》，法律出版社2014年版，49页。

(2) 如何准确、客观地描述案件发现的具体时间。认定事实是依据证据尽量还原案件发现时的真实情况去撰写，但毋庸讳言，还原的事实很大程度上是受证据影响的，是不可能做到绝对准确的，因此在认定的时间写作时只能做到尽量准确、客观：

一是准确描述。如某盗窃案件发生的地点是银行，银行里的监控准确的记录了盗窃案发的时间，就可以精准地写为"2011年12月6日15时03分"。

二是相对准确描述。不可能每一个案件涉案时间都十分精确，文书中可用"许"这个字，如"2011年12月6日15时许"，如何来决断这个"许"到底是"14时许"还是"15时许"，或者是"16时许"，这就需要办案人员从被害人的陈述、被告人（嫌疑人）的供述、证人证言或其他证据中去综合查找、判断。

三是模糊描述。从诸多证据中都无法找到准确的时间，可以使用"2011年12月6日下午"这样的用词。"2011年12月上旬的一天"、"2011年12月的一天"，乃至"2011年下半年的一天"模糊表述渐次加强，虽然不够准确，但确实是在依现有证据进行相对客观的描述。

**2. 地点**

(1) 一般地点。地点一般是指案件发生的行为地、结果地、预备地等与案件有关的地点，对于这些地点的描述要准确，例如在交通肇事案件中，如果事故发生在高速公路上，假如"认定事实"中只写在某条道路的某某公里处发生事故，阅读的人就不清楚具体是在路的哪一边发生了事故，所以，要表述为"从甲地向乙地行驶的某路上，行至某处时"才够准确。

(2) 特殊地点。特殊地点和一般地点区别之处在于一般地点只是在客观地描述案件发生的地点，而特殊地点则因为地点的不同而对于案件的管辖、定罪、量刑有着重要的影响。盗窃案件，入室盗窃和一般盗窃在法律适用上是有所区别的。

**3. 人物**

这是"认定事实"写作的重点。一方面针对犯罪嫌疑人，比如普通犯罪中是否达到刑法规定的责任年龄，是否是未成年人，职务犯罪中是否是公职人员，是否是怀孕妇女，是否是累犯，是否有前科，是否是单位犯罪等。另一方面针对被害人，比如盗窃的对象是孤寡老人，被害人是未成年人等，这些都会对案件的处理造成影响。

### 4. 起因

起因是指一个案件发生的原因即犯罪动机或犯罪目的。在一个案件中，起因的不同会形成同一行为构成不同罪名的情况，如一个人开车撞死了另一个人，如果起因（动机）是为了杀人，就可能构成故意杀人罪，但如果只是一般的交通肇事，则可能构成交通肇事罪。在共同犯罪中，撰写犯罪事实时要写清楚犯罪共谋的过程。

### 5. 经过

经过讲述的是一个案件发生的过程，描写的是犯罪嫌疑人使用什么方法，采用什么手段，用什么工具，进行了什么犯罪行为。对经过的准确描述有助于清楚地了解整个案件的事实经过，有助于评价犯罪嫌疑人（被告人）的主观恶性，有助于在共同犯罪中区分主从犯。

### 6. 结果

结果就是案件最终的后果是既遂、未遂还是其他犯罪形态。在认定事实中，要注意犯罪行为发生后有没有自首、立功、积极退赃、赔偿等情况，这些结果的描述也至关重要。

#### （二）"认定事实"的写作顺序

在制作事实部分时采用叙述方式。由于案件的类别、性质不同，事实的叙述有繁有简，形形色色，不一而足。

**1. 时序法**。即通常所说的"顺叙"记叙法。以时间为线索，按着案件的发展顺序加以记述。这是一种最常用、最基本的记叙方式，有广泛的适用性。其特点是文章的层次和案件发展的过程基本上一致，因此，首尾分明，脉络清楚，能比较详尽地反映案件全过程，符合读者的接受心理。但是，时序法的缺点也很明显，即容易平铺直叙，难以突出重点。

刑事案件在叙述凶杀、抢劫、强奸等一次作案的始末时，叙述被告人或犯罪嫌疑人多次犯性质相同的罪行时，叙述重大责任事故案或伤害案时多采用时序法。因为一次作案依时间线索叙述，条理清晰；数次触犯相同罪名时依时序陈述，能够让人清楚地把握每次作案的时、地、过程、后果、程度，以免混淆；重大责任事故案或伤害案均与时间密切关联，尤其适用时序法。

**2. 突出法**。在叙述案情时，依突出其中主要矛盾、主要情节、主要人物的方法进行，将案件的重点人、事叙述清楚，并予以强调。这种叙述方法的特点是主次分明，以主带次，详略得当，宜于突出案件的本质特点。

第一，突出主罪法，即按被告人或犯罪嫌疑人所犯罪行的主次重轻顺序来记叙，把性质严重、情节恶劣、危害性大的罪行放在第一位详细叙述；将性质、危害、情节相对较轻的犯罪事实放在后面叙述。这样叙述主次罪责分明，可避免定罪失据，量刑畸轻畸重等弊端，适于记叙数罪并罚的案件。下面一例则违背了突出主罪的方法：

刘××，长期好逸恶劳，不务正业。19××年秋，刘××投拜巫婆黄××为师，在家安位烧香，自称"刘大仙"。自19××年秋，刘××采取装神弄鬼、拿妖捉怪等各种欺骗手段，先后流窜到大岭、马路口、狮子岗等地进行迷信欺骗活动30余次，欺骗100余人，给6人安了"神位"，共骗得现金1200余元，鸡蛋240余斤，香烟50余包，以及鞋子、猪肉、鸡鸭、布料等物，还发展一名学徒。更为严重的是刘××利用搞迷信活动之机，采取了各种卑劣手段，先后于2月3日、2月13日，奸污了×××村妇女罗××和××村妇女吴××、未婚女青年曹××（吴、曹是母女）。奸污后，还多次拐带吴××、罗××、曹××3人一同外出，4人同宿一床，轮流奸污她们，情节严重，影响极坏。

这段事实出自某县公安局的一份提请批准逮捕书，其缺陷是主次不清，详略失当。应将强奸罪放在首位，详细叙述实施该罪的时间（原文只有月、日，未写年度）、地点、手段、后果等要素，以突出主罪；而后可用综合归纳法简叙刘××所犯诈骗罪，原文中部分文字可删略（如加着重点者），这样便可避免喧宾夺主、冲淡主罪的弊病，收到较好效果。

第二，突出主犯法。适用于记叙共同犯罪或集团犯罪的案件。以各被告人或犯罪嫌疑人在共同犯罪中的地位和作用为线索，依先主犯后从犯的顺序叙述犯罪事实。其特点是罪责分明，便于定罪量刑，使复杂的案情条理清楚。例如某公安局起诉意见书的事实部分：

19××年4月26日晚，犯罪嫌疑人杨××、熊××、李××、卢××以及张×法在××县服务楼旁闲谈中，杨××提出抢劫旅社。27日晚，杨、熊、李、卢4人又聚集在××私人在××县城开办的交通旅社里，当杨××又提出抢劫旅社时，熊××发现在该旅社的旅客已睡，熊××说："上那屋看看。"接着熊、杨先后到该旅社旅客胡××、关××夫妇住的房间外，熊从窗户处将门弄开，并入室把胡的提包拿到犯罪嫌疑人住的房间后又返回，后4犯罪嫌疑人相继入室，杨持三棱刀相逼，李××拿斧头相威胁，抢走胡的现金人民币27元，李××顺手拿了一副眼镜。

这份起诉意见书在叙述犯罪事实时，围绕主犯杨××、熊××的组织、实施等犯罪活动安排层次，并结合叙述其他从犯的罪行，每个犯罪嫌疑人在犯罪过程中的地位、作用和应负的罪责清清楚楚。

**3. 总分法**。适于记叙触犯多种罪名的共同犯罪案件。这类案件案情错综复杂，叙述时要点面结合，既不能疏漏残缺，又不能平行罗列，所以难度较大。总分法的特点是：先把该案的犯罪事实提纲挈领地总括叙述，然后再依犯罪嫌疑人主从顺序或罪行重轻顺序分别叙述，以区分罪责，严谨结构。例如李××等持枪抢劫和盗窃犯罪一案的起诉意见书，由于该案犯罪嫌疑人较多，共有10名，所犯罪名也较多，故该起诉意见书在叙述犯罪事实时，先总述"19××年以来，李××个人或以李××为首，先后伙同犯罪嫌疑人逄××、李×财、付××、王贵×、陈××、穆××、张××、孟××、王×海等人在本市内、西郊区、静海县大肆进行持枪拦路抢劫和盗窃犯罪活动，情节特别严重，严重地危害了公民人身和财产安全"。然后再分列叙述抢劫罪、盗窃罪两部分事实，各位犯罪嫌疑人的主从地位、作用和罪责随之明确。

**4. 归纳法**。即用概括的文字将被告人、犯罪嫌疑人的犯罪事实加以综合归纳，适合记叙多次犯有同类罪行的案件。其优点是：文字简练，便于了解犯罪嫌疑人、被告人的全部罪行。但归纳法易冲淡重点部分，运用时应注意既全面又能突出主罪。

但是，不论哪种叙述方式运用于任何性质的案件，都应注意将构成案件事实的有关要素交代清楚。刑事案件应从犯罪的预备写起，包括犯罪的已遂和未遂，以刑法学的犯罪构成理论为指导，抓住犯罪构成要件，写出不同罪行的不同特征，写明反映具体罪行特征的时间、地点、动机、目的、手段、行为过程、危害结果和被告人、犯罪嫌疑人事后的态度以及涉及的人和事等要素，兼叙影响量刑轻重的各种情节。

### （三）写作时的表述

认定事实的写作要求精炼、准确，所以要在写作的表述上多下工夫，提高自己叙述和概括的能力。

第一，用词上要客观，不能带感情色彩。例如很多认定事实写作中会出现一个词，叫"窜至"某地，这种写法是当年特别时期用于描写"坏人"时用到的一个词，一看就是带有很强的主观否定性，在写作时要尽量用一些客观、中性的词，如"来到"某地。

第二，要尽量用法律标准用词来写作。如果只是平时谈论案件，可能会用一些通俗的言词来表达自己的意思，但如果是在法律文书写作中，大家就应该尽量用标准的法律词汇。

第三，准确认定犯罪数额、规范罪名的认定、重视涉案财物的处理

犯罪数额是侵财类、经济类等犯罪行为认定的重要组成部分，是法院定罪量刑的重要依据。各级公安机关必须采取有力措施，查明具体犯罪数额，并在《起诉意见书》中陈述最终查实的犯罪数额。在移送审查起诉时确实无法查实全部犯罪数额的，应在《起诉意见书》中对已查实部分事实做最终数额认定，不得仅以"数额较大"、"数额巨大"、"数额特别巨大"等笼统概括。

《刑法》分则中部分条文规定的是选择式的罪名，是对同一类型犯罪的归类，并不是单个罪名。办案单位在制作《起诉意见书》时，应当根据查清的事实，区分不同犯罪的构成要件，准确认定适用罪名。

为了规范涉案财物处理，杜绝涉案财物长期扣押、冻结、查封而无法处理现象，各办案单位在办理案件过程中应对扣押、冻结、查封的财物、文件、邮件等物品是否与案件有关进行调查，查明是否属于被害人的合法财物、违法所得或者依法应当追缴的其他涉案财物等情况。办案单位要在《起诉意见书》中简要陈述是否有涉案财物，并以《涉案财物清单》形式将查封、扣押、冻结的涉案财物的名称、金额、数量、采取的侦查措施、存放地点等详细列明，并对各涉案财物的处理提出具体处理建议。《涉案财物清单》作为《起诉意见书》附件，随附案卷。

第四，规范叙述辩护律师参与诉讼情况。

对于犯罪嫌疑人有辩护律师的，制作《起诉意见书》时，应将辩护律

师的基本情况列在辩护对象基本情况的下方。辩护律师的基本情况主要包括姓名、所在律师事务所或者法律援助机构名称、律师执业证编号等。

# 从司考试题谈检察机关《起诉书》的制作

**2002 年，司法考试卷四有关法律文书试题如下：**

2000 年 9 月 7 日上午，被告人李玉书路经赤山市郊区时，见被害人徐桂珍 ( 女，34 岁 ) 一人在草滩上牧羊，便上前搭话。交谈中被告人李玉书产生了强奸邪念，便将徐桂珍拉入附近沟内按倒在地，强行撕扯徐桂珍的裤子欲行强奸。徐桂珍极力反抗，大声呼救。李玉书怕罪行暴露，掏出随身携带的匕首向徐的腹部猛刺一刀。徐桂珍继续呼救，李玉书一手卡住徐桂珍的脖子，另一只手向徐桂珍的腹部猛刺数刀，致徐桂珍当场死亡。李玉书随后取下徐桂珍身上带的手表和身上的 80 元钱，并将徐桂珍的尸体移到附近掩埋。随后，李玉书将被害人放牧的 125 只绵羊赶到临近的高家店村进行销赃。要求根据上述材料写作一篇起诉书。

**给定的参考答案如下：**

#### ××省赤山市人民检察院
#### 起诉书

赤检刑诉字 (2000) 第 45 号

被告人：李玉书，男，1970 年 8 月 2 日生，汉族，农民，陕西省赤山市人，住赤山市龙安村，2000 年 9 月 8 日因强奸 ( 未遂 )、故意杀人、盗窃罪被赤山市公安局刑事拘留，2000 年 9 月 15 日被赤山市人民检察院批准逮捕，2000 年 9 月 15 日被赤山市公安局执行逮捕。现羁押于赤山市公安局看守所。

被告人李玉书强奸 ( 未遂 )、故意杀人、盗窃一案经赤山市公安局侦查终结，移送本院审查起诉。经依法审查查明：

2000 年 9 月 7 日上午，被告人李玉书路经赤山市郊区时，见被害人徐桂珍 ( 女，34 岁 ) 一人在草滩上牧羊，便上前搭话。交谈中被告人李玉书产生了强奸邪念，便将徐桂珍拉入附近沟内按倒在地，强行撕扯徐桂珍的裤子欲行强奸。徐桂珍极力反抗，大声呼救。李玉书怕罪行暴露，掏出随身携带的匕首向徐的腹部猛刺一刀。徐桂珍继续呼救，李玉书一手卡住徐桂珍的脖子，另一只手向徐桂珍的腹部猛刺数刀，致徐桂珍当场死亡。李玉书随后取下徐桂珍身上带的手表和身上的 80 元钱，并将徐桂珍的尸体移到附近掩埋。随后，李玉书将被害人放牧的 125 只绵羊赶到临近的高家店村进行销赃。

上述犯罪事实，有被告人供述、物证、勘验检查笔录等证据。事实清楚，证据确实充分。

本院认为：第一，被告人李玉书违背妇女意志，使用暴力手段欲与被害人徐桂珍发生性关系，但因被害人的极力反抗并未得逞。其行为已经触犯了《中华人民共和国刑法》第 236 条和第 23 的规定，构成强奸罪 ( 未遂 )。

第二，被告人李玉书在强奸未遂后怕自己罪行暴露，用匕首将被害人徐桂珍杀害。其行为已经触犯了《中华人民共和国刑法》第 232 条的规定，构成故意杀人罪。

第三，被告人李玉书以非法占有为目的，将被害人放牧的 125 只绵羊以及被害人的手表、80 元钱窃为己有。其行为已经触犯了《中华人民共和国刑法》第 264 条的规定，构成盗窃罪。

被告人李玉书的犯罪情节极其严重、社会影响极其恶劣、造成的危害极其严重。本院为维护法律的尊严、维护社会秩序、保护广大人民群众的利益，根据《中华人民共和国刑事诉讼法》第 141 条规定，提起公诉，请依法严惩。

　　此致
赤山市中级人民法院

检察员：张三

2000 年 11 月 5 日

　　附：1. 证据目录 1 份

　　　　2. 主要证据复印件 5 份

**起诉书写作课堂教学的相关问题：**

李玉书是否构成犯罪？一罪还是数罪？罪名之间是否存在吸收、牵连关系？

作为司法考试题目，本题有何缺陷？

李玉书罪状如何表述？

作为虚拟的城市，文书写作如何确定材料中"赤山市"的行政级别？

参考答案与规范法律文书的写作有何差别？为什么？

# 一、概 念

起诉书，指检察院确认犯罪嫌疑人的行为已构成犯罪，事实清楚，证据确实充分，为了追究其刑事责任，依法向法院提起公诉时所制作的文书，也称公诉书。

根据刑事诉讼法的规定，凡需要提起公诉的案件，一律由检察院审查决定。检察院对公安机关、侦查终结移送起诉的案件，以及对本院直接受理侦查终结的案件进行审查后，认为被告人的犯罪事实已查清，证据确凿、充分，依法应当追究刑事责任的，应当作出起诉决定，制作起诉书，连同案卷和被告人提交同级人民法院审判。因而，起诉书具有非常重要的作用。对侦查机关来讲，它是对案件的全部侦查或审查起诉工作的总结；对检察机关来讲，起诉书是代表国家向法院控告被告人的诉状，又是检察长（或检察员）在法庭上支持公诉的根据；对审判机关来讲，起诉书引起第一审程序的刑事审判活动，既是法院对公诉案件进行审判的凭据，又是法庭审理的基本内容；对被告人及其辩护人来讲既是告知已将被告人交付审判的通知，又是公开指控其犯罪行为的法定文书，还是辩护人进行辩护的指导材料。

# 二、格式

起诉书格式包括普通程序案件适用、单位犯罪案件适用、简易程序案件适用、附带民事诉讼案件使用 4 种。

# 三、内容和制作方法

起诉书由首部、正文、尾部组成。

**（一）首部包括标题、编号、被告人的基本情况三项内容**

**1. 标题**。居文书正中分两行写明检察院名称和文书名称。制作时应注意下列事项：

①检察院名称要写全称，不能写简称或缩写。除最高人民检察院外，各地方人民检察院的名称前应写明省（自治区、直辖市）的名称。如将"××省人民检察院××分院"写成"××检察院分院"或"××地区检察院"都是不全面、不完整的。比较规范的写法分别为：

省、自治区、直辖市人民检察院写为"××省（自治区、直辖市）人民检察院"

如"山东省人民检察院""天津市人民检察院"；

省、自治区、直辖市检察院分院写为"××省（自治区、市）人民检察院××分院"；

自治州、省辖市人民检察院写为"××省（自治州）××市人民检察院"；

县、市辖区人民检察院应写为"××省××县人民检察院""××省××市××区人民检察院"。

凡涉外案件，在检察院名称前均应冠以"中华人民共和国"字样。

②文书名称必须写"起诉书"。不能画蛇添足为"起诉决定书"、"刑事附带民事诉讼起诉书"等，亦不能写为"公诉书"。

**2. 编号**。在标题右下方依次写明：人民检察院的简称、案件性质、起诉年度、案件顺序号。

其中案件性质为"刑诉"，年度须用四位数字表述。例如广东省人民检察院起诉书，其编号"粤检刑诉（年度）×号"。

**3. 被告人的身份等基本情况**。依次写明下列 11 项内容：

（1）姓名。首先写出"被告人"3 字，然后写清正在使用的正式姓名（户口簿、身份证等法定文件中使用的姓名），并选择与本案事实有关的化名、别名、绰号等写出，在正式姓名之后用括号注明。被告人是外国人的，应当在其中文译名后面用括号注明外文姓名。其中"被告人"这一称谓不能用"被告"代替。

如果被告人是聋哑人或盲人，应当在被告人姓名之后，写明这一法定可以从轻、减轻或者免除处罚的特征，如"系又聋又哑的人"、"是盲人"。但是只聋不哑或只哑不聋的，不必写入。

（2）性别。

（3）出生日期。应当以公历计算的周岁年龄。除未成年人外，如果确实查不清出生日期的，也可以注明年龄。

（4）身份证号码。对尚未办理身份证的应当注明。

（5）民族。要写全称，如"维吾尔族"、"蒙古族"等，切忌写为"维族"、"蒙族"等。写此项内容，除了区别被告人外，我国少数民族地区还规定有对少数民族的刑事政策。

（6）文化程度。一般写所受正规教育的情况，如"初中二年级"或"相当于××"、"文盲"。

（7）职业，即写明被采取强制措施前被告人所在单位和职务，以明确认定犯罪主体。

对于检察院直接受理侦查终结的案件，以及其他法定由特殊主体才能构成的犯罪或对特殊主体应当从重处罚的，除必须写明被告人工作单位、职务或职业外，还应当认定被告人是特殊主体的身份，如"……，是国家工作人员（或是司法工作人员）""……，是××厂委托从事公务人员"等。

被告人如是从事农业生产劳动或个体工商业劳动、承包、租赁的，应分别写明"在××村务农"或"××市（镇）个体工商业者"。城镇无业者写为"无业"。对于职务的写法应尽量具体，不要笼统地写为"职员""工人""干部"等。

如果是单位犯罪，应写明犯罪单位的名称，所在地址，法定代表人或代表的姓名、职务；如果还有应当负刑事责任的"直接负责的主管人员或其他直接责任人员"，应当按上述被告人基本情况内容叙写。

（8）住址。写被告人的经常居住地，户籍所在地与经常居住地不一致时，须在经常居住地后用括号注明户籍所在地。被告人是外国人时，应注明国籍、护照号码、国外居所。

（9）对被告人曾受到过行政处罚、刑事处罚的，应当在起诉书中写明，其中行政处罚限于与定罪有关的情况。一般应先写受到行政处罚的情况，再写受到刑事处罚的情况。叙写行政处罚时，应注明处罚的时间、种类、处罚单位；叙写刑事处罚时，应当注明处罚的时间、原因、种类、决定机关、释放时间。

（10）同案被告人有二人以上的，按照主从关系的顺序叙写。

**（二）正文包括案由和案件来源，犯罪事实，证据，起诉的理由、依据、结论四大部分组成。**

**1. 案由和案件来源。**这段文字旨在说明本案符合刑事诉讼法规定的侦查管辖、移送审查等程序。在文书结构上起着承上启下的衔接过渡作用。在表述时就依次写明被告人姓名（犯罪主体），罪名，侦查终结及移送本院审查起诉的机关、时间，案件的审查经过等内容。因案件的情况不同，具体表述亦有差别，应依格式而行。叙写退回补充侦查、延长审查起诉期限时，应注明日期、原因。

案由案件来源部分，在文字表述上应规范准确，依格式而行。下列写法都是不规范的：

（1）罪名不规范。如"以被告人×××涉嫌盗窃罪一案"将"罪"字删掉是不当的。因为在制作起诉书时已经认定被告人构成犯罪，所以应写上"罪"字。

（2）文字多余。如在"涉嫌"前加"因"字，显得累赘多余。

（3）侦查机关名称不规范。如将"本案由××公安局侦查终结"或"由本院侦查终结"写成"本案由××公安局预审科侦查终结"或"由本院法纪科侦查终结"、"经本院贪污贿赂检察处侦查终结"等是不合规范的。因为不能用机关内的某一个部门代替法定的侦查机关的名称。

（4）固定的表述文字不能随意替换。如将"侦查终结"写成"预审终结"、"侦讯终结"、"审理终结"等是不合法律规定的。依刑事诉讼法规定，案件侦查终结才能移送起诉，因此"侦查终结"一语是不可移易的。

另外，将"审查查明"写成"检察查明"或"审查证实"都是不合规范的。

（5）移送案件的时间不清楚。这一时间必须写明年、月、日，否则无法计算本院受理该案的时间。

**2. 案件事实。**事实是起诉书的重要内容，它是论证理由和提出处理意见的根据，叙述时应当注意以下几个关键性问题：

（1）对起诉书所指控的所有犯罪事实，无论是一人一罪、多人一罪，还是一人多罪、多人多罪，都必须逐一列举。

叙述案件事实，要按照合理的顺序进行。一般可按照时间先后顺序；一人多罪的，应当按照各种犯罪的轻重顺序叙述，把重罪放在前面，把次罪、轻罪放在后面；多人多罪的，应当按照主犯、从犯或者重罪、轻罪的顺序叙述，突出主犯、重罪。

（2）叙写案件事实时，可根据案件不同情况，采取相应的表述方式，具体应当把握以下原则：

对重大案件、具有较大影响的案件、检察机关直接受理立案侦查的案件，都必须详细写明具体犯罪事实的时间、地点，实施行为的经过、手段、目的、动机、危害后果和被告人案发后的表现及认罪态度等内容，特别要将属于犯罪的构成要件或者与定罪量刑有关的事实要素列为重点。既要避免发生遗漏，也要避免将没有证据证明或者证据不足，以及与定罪量刑无关的事项写入正文，做到层次清楚、重点突出。

时间：应具体，不能含糊笼统。具体交代出年、月、日、时，有些案件还要交代到分，即几时几分实施犯罪的。时间本身有时可以雄辩地证明被告人有无作案可能。对于时间要求不需要十分精确的案件，叙写的尺度可以放宽，例如"某日夜间10时左右"或"某日深夜"。

地点：应确切，要防止错别字，还要防止和邻近地区的同名地相混淆。

动机：必须是查明的"推动犯罪人实施犯罪行为的内心起因"。不同的犯罪行为有不同的动机，相同的犯罪行为，动机也不一定相同。应当把犯罪动机的深层结构表述出来。比如，某被告人犯盗窃罪的动机是为了偿还赌博欠账，盗窃的直接目的是攫取财物。

目的：是犯罪行为人心理状态中所希望达到的外部结果。目的是犯罪主观方面的重要因素，是构成某些犯罪的必备的主观要件，但它只存在于直接故意（不包括间接故意）的犯罪之中，没有则不写。如制作、贩卖淫书、淫画的和组织、运送他人偷越国（边）境的，都必须是"以营利为目的"。

手段：要恰如其分地反映其实施犯罪行为的方式方法，从这一侧面，鲜明地反映出被告人主观恶性的大小。

犯罪情节：应写明犯罪各阶段的情况和变化。注意其阶段性、连贯性、系统性。如写明犯罪的准备、实施以及湮灭罪证等，使人了解其犯罪的全过程。要反映出是"情节较轻"、"情节严重"、"情节特别严重"还是"情节特别恶劣"。

犯罪结果：写明犯罪行为对社会所造成危害后果的基本状态。要反映出是"尚未造成严重后果"、"造成严重后果"、"使国家和社会遭受严重损失"，还是"后果特别严重"等。对一般刑事案件，通常也应当详细写明案件事实，但对其中作案多起但犯罪手段、危害后果等方面相同的案件事实，可以先对相同的情节进行概括叙述，然后再逐一列举出每起事实的具体时间、结果等情况，而不必详细叙述每一起犯罪事实的过程。

必须是经检察机关审查认定的事实。一是要严格区分罪与非罪的界限，只记叙那些构成犯罪的事实，即经过检察院审查、核实的犯罪事实，对不构成犯罪的一般违法行为或者违反纪律、违反道德的行为劣迹等一概不予写入，因为这些材料并不能作为定性、定罪量刑的依据。要突出主要犯罪事实。二是不能局限于公安机关的起诉意见书。起诉意见书中所列的不构成犯罪的事实，应予剔除，遗漏的犯罪事实应当补写进去。例如，一起教唆少年盗窃的案件，起诉书先后写了两稿，前稿基本是对起诉意见书的复述，篇幅大而杂，先写了被告人的恶劣品质、流氓习气，然后叙述被告人结伙打架、一般偷窃、侮辱妇女的违法行为，这些不属于指控犯罪的内容，占了大量篇幅，而最后叙述教唆盗窃这一主要罪行时，却寥寥数语，使得主客倒置。第二稿经过严格审核后，将被告人教唆两个不满 18 岁少年流窜盗窃的主要事实和他传授犯罪手段、窝赃、销赃以及独占赃款三分之二的重要情节写入正文，只在首部被告人基本情况一项中列入与案情有关的、受过治安处罚的两次偷窃行为，以说明其屡教不改的特点。这样集中揭露了被告人在共同盗窃中的主犯、教唆犯作用，主要事实突出，情节具体清楚，结构布局严谨。

（3）对共同犯罪案件中有同案犯在逃的，应在其后写明"另案处理"字样。

（4）被告人的犯罪行为给国家、集体或个人造成损失的，须作简要叙述。

（5）正确对待特殊问题的叙述：应掌握分寸，妥善处理。如遇有涉及党和国家重大机密问题时，必须注意保守机密，非叙述不可的，应当尽力作笼统抽象的表述，决不能将机密的内容按原文抄录。对有伤风化的污秽情节不应写入起诉书，个别案件不写这一情节无法揭露犯罪性质的，也要概括抽象地写，不做具体叙述。涉及被害人个人隐私的，应注意省略被害人的名字，只保留姓氏。起诉书必须涉及非本案被告人的人员姓名时，应当妥善处理，如对行为已构成犯罪或严重违法，政法机关已经或正在另案处理的，应当在该人姓名后面用括号注明"另案处理"。对本案被害人，只留其姓，隐去名字，特别是强奸案、流氓案中的被害妇女更应保护其名誉。

（6）叙述犯罪应避免繁琐和苟简两个极端。繁琐无法突出主要事实，文字冗长、拖沓；苟简，缺少必备的基本要素，交代不清，难以反映犯罪的客观情况。例如"被告人李××伙同他人在丰台区马家堡西里四号楼下，乘无人之机，窃得铃木牌摩托车一辆，价值人民币8500元。"这里的"他人"是谁，做案的时间、手段以及赃物的下落（销赃或被起获）均没有写清。而下面一例则是写得比较规范的：

"被告人刘××、吴××于19××年8月8日从××市窜入北京，预谋抢劫出租汽车。8月14日晚8时许，刘××、吴××携带匕首、绳索等作案工具，来到北京火车站广场停车处，骗租北京市某出租汽车公司司机张××驾驶的日本皇冠轿车。当张××驾车行驶至通县宋庄村的偏僻处时，刘××借口上厕所，要求停车，停车后，吴××即用双手扼住司机张××的颈部，张极力挣扎呼喊，此时刘××抽出匕首朝张××身上猛扎数刀，致张××当场死亡。作案后，二被告人驾车逃到河北省××县，将张××的尸体抛进玉米地里。19××年9月11日由被告人刘××将抢得的皇冠牌轿车卖掉，获赃款45000元（已挥霍8000元）。同时将19××年×月×日在××处抢来的北京212吉普车一辆卖掉，获赃款11000元，后被告人被抓获归案。部分赃款及212吉普车已追缴在案，皇冠轿车已发还某出租汽车公司。"

此例采用了自然时序法，将被告人刘××、吴××犯杀人、抢劫罪的事实记叙得很清楚。对被告人作案前的准备、作案的情节和手段写得具体，特别是作案后果交待得更为详尽，从而突出了被告人犯罪的主观恶性及严重程度。

因此，叙述文字应简明、清楚。用简洁的文字写明构成该罪本质特征的那些事实，用事实说明行为人的行为具备了法定的犯罪构成要件。事实的来龙去脉应清晰，注意犯罪行为和危害后果之间的关系，使层次富有逻辑性。至于叙述方法可根据具体情况选择时序法、突出法、综合归纳法、总分法以及罪名标题法（即按不同罪名的重轻次序排列，分别列出小标题，然后按突出主罪法，逐罪叙述，实属突出法的变通运用）等。

**3. 认定被告人犯罪的证据。**

这一部分主要写明认定被告人犯罪事实的主要证据的名称、种类，但不必对证据与事实、证据与证据之间的关系进行具体的分析、论证。其中的主要证据，是指《人民检察院刑事诉讼规则》第二百八十三条所规定的证据。叙写证据时，一般应当采取"一事一证的"的方式，即在每一起案件事实后，写明据以认定的主要证据。对于作案多起的一般刑事案件，如果案件事实是概括叙述的，证据的叙写也可以采取"一罪一证"的方式，即在该种犯罪后概括写明主要证据的种类，而不再指出认定每一起案件事实的证据。

另外，《刑事诉讼法》规定，人民检察院提起公诉时应当向人民法院移送起诉书并且附有证据目录、证人名单和主要证据复印件或者照片。所谓证人名单、证据目录是人民检察院指控、证实犯罪所使用的证人证言及其他有关证据情况。根据《刑事诉讼法》的规定，证人名单、证据目录是人民检察院提起公诉所必备的形式要件，是人民法院对公诉案件进行审查、决定开庭审判的条件。

人民检察院对第一审程序的公诉案件按照普通程序向人民法院提起公诉，必须制作证人名单、证据目录。适用简易程序的第一审公诉案件，不必制作证人名单、证据目录，应随案移送全案卷宗和证据材料。

例如，俞××、丁××贪污挪用巨额公款罪起诉书中有关证据的制作："上述事实，有证人证言，转账支票、电汇凭证回单、私人借据在案为证，被告人亦供认不讳，事实清楚，证据确实充分，足以认定。"

**4. 起诉的要求和根据。**

（1）对行为性质、危害程度、情节轻重，要结合犯罪的构成要件进行概括性地表述，突出本罪的特征，语言要精炼、准确。

（2）对法律条文的引用，要准确、完整、具体，写明条、款、项。准确适用法律。概括完事实根据后，引用定罪条款，然后确定罪名。例如上例的下文：

"……。其行为触犯了《中华人民共和国刑法》第 185 条、第 155 条和全国人大常委会《关于惩治贪污罪贿赂罪的补充规定》第 2 条第（1）项、第 4 条、第 5 条以及《关于严惩严重破坏经济的罪犯的决定》第 1 条第（2）

项之规定，已构成受贿罪、贪污罪……。"

在引用法律条款时应完整、全面、准确、有序。

第一，明确引用律文的范围。

关于规定刑事案件如何处理的国家立法和司法解释都可以引用。比如，惩治犯罪的实体法（刑法）、程序法，包括全国人大及其委员会通过的决定、规定、补充规定。必要时最高人民法院和最高人民检察院正式公布的司法解释以及刑法中规定了触犯某些法规、制度即构成犯罪的空白罪状条款，由有关法规对上述空白罪状条款作了具体补充规定的（如海关法规、工商管理法规）也可以引用。

不应作为法律依据的有：内部文件，地方人大或政府颁布的地方规章；宪法、人民检察院组织法等。

第二，抓住引用环节。

当起诉书对案件实体问题作出认定处理和对办案程序问题作出诉讼处理决定时，都应引用相应法律依据。具体如下：认定被告人行为构成犯罪或构成何罪时；认定被告人在共同犯罪中的地位、作用以及应负的责任时；认定被告人犯罪行为处在某一犯罪阶段时；认定被告人具有自首情节时；认定被告人具有其他哪些从轻、减轻、从重、加重处罚情节时；本院对被告人作出诉讼处理决定（即提起公诉）时；其他方面，如叙述涉及案件管辖，及对被告人采取的强制措施等，也应引用相应法律依据。

第三，注意排列顺序。

引用律文的顺序，一般为先引用定罪条款，后写罪名，其次引用量刑情节的条款。下列情况应引起注意：

共同犯罪的，应先引定罪条款，再引区分共同犯罪责任的条款，除非多名被告人触犯的法律条文一样，才可集中引用；一案数罪的，先引重罪条款，后引轻罪条款，有几罪就引几个条款，引用律文顺序应当与前面叙述各种犯罪事实的顺序相一致，罪名的顺序应按定罪条款的顺序一一写清；

第四，用语宜规范。

引用实体法时，前加"触犯……"，引用程序法时，加"依据……"，不可混用。

（3）适用简易程序的案件，对于量刑情节的认定，应当遵循下列原则：

对于具备轻重不同的法定情节的，应当在起诉书中作出认定。对于酌定量刑情节，可以根据案件的具体情况，从有利于出庭支持公诉的角度出发，决定是否在起诉书中作出认定。

（4）适用普通程序的案件，对于涉及量刑情节的事实，可在案件事实之后作客观表述。

例如：

"本院认为，被告人管××身为国家工作人员，却无视国家法律，利用职务之便，收受和索取贿赂，贪污公款，数额均特别巨大，严重危害国家社会主义现代化建设，情节特别严重。其行为触犯了……"

该例点明了被告人"利用职务之便，收受和索取贿赂，贪污公款"、"数额均特别巨大"等法定条件，为下文依法确定其行为构成受贿罪、贪污罪奠定了事实基础。

（5）论证犯罪情节，依法提出量刑轻重的倾向性意见。根据具体案情的从轻、减轻或从重、加重情节和认定犯罪的事实根据中所概括出来的有关内容（主观恶性程度、手段恶劣程度、危害后果严重程度、事后认罪态度等）提出处罚的倾向性意见，并引用相应的法律依据。如有累犯、未遂、中止、自首、检举立功，以及刑事责任年龄、生理状况等方面情况，可提请法庭在量刑时加以考虑。倾向意见应肯定明确。在写完定罪的法律依据后，引用量刑条款时，以"根据"一词领起。例如：

"……被告人赵××在共同犯罪中起主要作用，根据《中华人民共和国刑法》第23条之规定，系主犯，应从重处罚；被告人杨×能主动到公安局自首，并检举揭发同案人，有立功表现，根据《中华人民共和国刑法》第63条之规定，应从轻处罚；被告人王××犯罪时不满18岁，根据《中华人民共和国刑法》第14条第3款之规定，应从轻处罚。"

"本院认为，被告人韦××，故意杀死李××和追捕他的莫××和高××，其行为触犯《中华人民共和国刑法》第132条，构成故意杀人罪。虽有自首情节，根据《中华人民共和国刑法》第63条，可以从轻处罚，但被告人故意杀死多人，严重危害了社会治安，情节特别恶劣，后果特别严重，应当从重惩处……"

以上两例对犯罪情节的论证清楚有逻辑性，且倾向明确，堪称典范。

有关从轻、减轻、免除处罚这三种标准，在刑法中，往往是在某一条文里同时作出规定的，"……可以从轻、减轻或者免除处罚"，但是，起诉书中论证情节引用这类条文时，应明确地表示所持观点，三者只选其一，不能用"从轻或减轻"代替。

（6）准确写明决定事项。提起公诉本身是一种诉讼决定，因此，起诉书的这一层次要依序写明检察机关提起公诉的必要性、法律依据、提起公诉的决定，具体可表述为"本院为维护社会秩序，保护公民的人身权利不受侵犯，依据《中华人民共和国刑事诉讼法》第141条之规定，提起公诉，请依法严惩（或惩处）。"总之，起诉理由应充分，认定罪名要准确，适用法律恰当，内容概括，语言简炼。

**5. 尾部正文部分结束后，依次写明：**

（1）起诉书应当署具体承办案件公诉人的法律职务和姓名。

（2）起诉书的年、月、日，为签发起诉书的日期。

当自然人犯罪、单位犯罪并存时，在叙写被告单位、被告人情况时，应先叙述被告单位、法定代表人及有关属于责任人员的被告人的情况，再叙述一般的自然人被告人情况；同时，在起诉的理由和根据部分，也按照先单位犯罪、后自然人犯罪的顺序叙写。

# 四、评议

××省人民检察院
起诉书

× 检诉起字（1998）第 1 号

被告人褚××，男，70岁，汉族，高中文化，××省××县人，身份证号码：（略），原系××有限责任公司董事长、总裁，住××职工宿舍。因巨额财产来源不明一案，1997年2月8日被本院监视居住，同年7月8

日本院决定逮捕，7月10日由××省公安厅执行逮捕。现关押于××省公安厅看守所。

辩护人：×××，××律师事务所律师。

被告人：罗××，男，45岁，汉族，大专文化，××省××县人，身份证号码：（略），原系××.×有限责任公司总会计师，住××职工宿舍。因贪污一案，1997年8月8日本院决定刑事拘留，同年8月20日本院决定逮捕，由××省公安厅分别执行拘留、逮捕。现关押于××省公安厅看守所。

辩护人：×××，××律师事务所律师。

被告人：乔××，男，57岁，汉族，研究生文化，××省××县人，身份证号码：（略），原系××××有限责任公司副董事长、副总裁，住××职工宿舍。因贪污一案，1997年8月8日，本院决定刑事拘留，同年8月20日本院决定逮捕，由××省公安厅分别执行拘留、逮捕。现关押于××市公安局看守所。

辩护人：×××，××律师事务所律师。

褚××贪污、巨额财产来源不明，罗××、乔××贪污一案，由本院侦查终结，经依法审查查明：

一、被告人褚××、罗××、乔××共同贪污

1993年至1994年，××卷烟厂在下属的××××贸易发展有限公司（简称××公司）存放销售卷烟收入款（也称浮价款）和××卷烟加工利润留成收入款共计28570748.5美元。褚××指使罗××将该款截留到××卷烟厂和××公司的账外存放，并规定由其签字授权后才能动用。1995年6月，褚××与罗××、乔××先后两次策划将这笔款先拿出300多万美元进行私分。褚××决定自己要100万美元，给罗××、乔××每人60-70万美元，××总经理盛××（在逃）、××公司副总经理刘××（另案处理）也分一点儿，并把钱存放在××国商人×××的账户上。1995年7月15日，罗××身带由褚××签字的4份授权委托书，向盛××、刘××转达了褚××的旨意，盛、刘二人同意要钱。罗××在授权委托书上填上转款数额，褚××为174万美元，罗××为681061美元，乔××为68万美元，盛××和刘××45万美元。罗将填好转款数额的

授权委托书和向钟××要的收款银行账号交给盛××，叫盛××立即办理。7月19日，盛××将3551061美元转到了××国商人×××的账号上。罗××返回××卷烟厂后，将办理情况报了褚××、乔××。

上述款项，案发后已被本院扣押。

二、被告人褚××贪污

1995年11月中旬，褚××指使罗××将××公司账外存放的浮价款银行账户及相关的资料销掉，把剩余的1500多万美元以"支付设备配件款项"的名义全额转出。褚××决定自己要1160多万美元，并拿给罗××一个钟××提供的用英文打印的银行收款账号，叫罗××把钱转存到该账户。罗××在褚××给的收款账号上注明"1156万美元"，连同褚××签字的授权委托书一起带上，找到××公司总经理盛××，叫盛××立即办理。1996年1月23日，钟××提供给褚××的账户上收到了1156万美元。

上述款项，案发后已被本院追缴。

三、被告人褚××巨额财产来源不明

1995年8月至1998年4月，××市公安局和本院在侦查本案过程中，先后在××省××市、××市和××省××市等地，扣押了褚××的货币、黄金制品、房屋以及其他贵重物品等财产，共折合人民币521万元，港币62万元（详见附表）。对此，褚××能说明其合法收入来源并经查证属实的为人民币118万元。其余财产计人民币403万元，港币62万元，褚××不能说明其合法来源。经查证，也无合法来源的根据。

上述事实，有证人证言、鉴定结论、物证、书证及照片予以证实。被告人诸××、罗××、乔××亦作了供述和辩解。本案事实清楚，证据确实、充分。

综上所述，被告人褚××、罗××、乔××等人利用职务便利，共同贪污公款3551016美元，褚××还单独贪污公款1156万美元；褚××共计贪污公款1330万美元，罗××贪污公款681061美元，乔××贪污公款68万美元。褚××的财产和支出明显超过合法收入为人民币403万元、港币62万元，差额巨大。褚××的行为已触犯《中华人民共和国刑法》第382条第1款、第383条第（1）项、第395条第1款之规定，构成贪污、巨额财产来源不明罪。罗××、乔××的行为已触犯《中华人民共和国刑法》第382条第1款、第383条第（1）项之规定，构成贪污罪。根据《中华人民共和国刑法》第25条、第26条、第27条之规定，褚××在共同贪污犯罪中起主要作用，系主犯；罗××、乔××属从犯。褚××在被捕后，如实供述其组织共同贪污3551061美元的事实，具备《刑法》第67条第2款规定的以自首论的情节。褚××在预审中积极检举、揭发他人重大犯罪行为并经查证属实，具备《刑法》第68条第1款规定的重大立功表现。罗××也有立功表现。本院为维护社会主义经济秩序，严惩严重经济犯罪，依照《中华人民共和国刑事诉讼法》第141条之规定，特提起公诉，请依法判处。


此致
××省高级人民法院

检察员：朱××

毛××

郑××

1998年7月31日

（院印）

附项

1. 起诉书附表1份；

2. 证人名单1份；

3. 证据目录正份；

4. 随案移送物证及物证清单；

5. 主要证据复印件。

# 事实和证据　主题和材料

## ——法律关系分析方法一则

**案例：**

某客户就股权转让问题进行咨询，向你介绍了如下情况（因客户并非专业人士，所以在陈述过程当中可能存在陈述内容混乱或使用术语欠准确等问题）：

1.我公司名为 ABS，是一家中外合资企业，中方和外方股东各一名，中方股份占 35%，外方股份占 65%，JF 公司的法人代表、中方股东的法定代表人以及 ABS 公司的董事长均为同一人。

2.因生产经营需要，决定由公司出面，向银行申请贷款并获得批准。公司于是委托外方股东 K 公司从外国的专用设备生产商 P 公司处进口设备，打算将设备一部分留给公司自用，一部分用作出租给第三人的 JF 公司。JF 公司具备相应的设备使用资质。

3.在办理过程当中，由于银行贷款金额不足，公司又决定由外方股东 K 公司在承诺的投资总额内，提前投入一部分作为股东借款给 ABS 公司，公司承诺在将来的分红当中优先归还，中方股东 E 公司承诺对公司的承诺承担连带责任。

4.ABS 公司客户 JF 公司为早日能够租用公司进口的设备，提出可以预交部分设备租金，但要签订合同，K 公司与 E 公司均表示同意。

5.银行提出要求 ABS 公司将设备设定抵押，作为贷款的担保，同时还要求 ABS 公司的中方和外方股东均单独签署担保书。

就以上内容，按照如下格式写出当中存在的所有法律关系，包括主体、客体和简要内容，例如：1.A 公司与 B 公司之间的设备买卖关系。

**考察要点：**

法律关系分析是法律专业的基本功之一。本题旨在测试答题者的法律专业分析技能，答题窍门在于首先将各个独立的法律关系主体区分开来，然后再考察各个法律主体之间的关系，当中还要注意有些主体在某些法律关系当中作为共同的一方，有些则需要分离。

**参考答案：**

一、关于中外合作企业

1.外方股东 K 公司和中方股东 E 公司之间的合资关系。

二、关于设备进口

2.ABS 公司与外方股东 K 公司之间的委托代理关系；

3.K 公司与 P 公司之间的设备买卖关系。

三、关于设备购买款项

4.ABS 公司与银行之间的借贷关系；

5.ABS 公司与银行之间的设备抵押关系；

6.银行与外方股东 K 公司之间的保证关系；

7.银行与中方股东 E 公司之间的保证关系；

8.ABS 公司与外方股东 K 公司之间的借贷关系；

9.中方股东 E 公司与外方股东 K 公司之间的承诺保证还款关系。

四、关于设备租赁

10.ABS 公司与 JF 公司之间的设备租赁关系

**案例：**

A 公司是专门生产水泥的大型企业，水泥产品的商标为"天××"。B 公司生产的同类产品也在市场上销售，在其使用的外包装上使用产品名称为"长天×× 牌水泥"。A 公司接获消费者投诉，发现 B 公司的外包装上对产品名称"长"字淡化难认，加上外包装风格、色彩和设计与 A 公司的类似，容易使消费者对两者的产品造成混淆。据 A 公司统计，自发现 B 公司的上述产品在市场上销售以来，已经明显地造成 A 公司的"天××"水泥产品销量下降，给 A 公司造成了经济损失。A 公司现拟委托你作为代表律师起诉 B 公司，并向你提供了如下的事实和证据。请你作为本案的主办律师，根据自己的专业知识，将如下事实和证据进行分类和筛选，以便作为起诉证据使用。其中，将你认为没有用的部分事实和证据剔除出来，并写明删除的理由；将你认为有用的法律事实和证据分类整理出来，并总结出每一类别的标题，在每一证据后面写明该证据在本案诉讼当中的证明内容和所起到的作用。客户提供的事实和证据具体如下：

1. 原告经过最新一期年审的工商营业执照

2. 原告委托某鉴定中心出具的关于被告侵权产品是否与原告商标相类似的《技术鉴定书》

3. 国家商标局发出的《商标申请书》回执

4. 被告向经销商发出的产品销售空白订单模板，上有被告产品名称

5. 国家商标局核发的"天××"注册商标证书

6. 原告公司成立时的验资报告

7. 原告向公证处申请对侵权产品进行保全的公证申请书

8. 原告与某鉴定中心签订的《委托鉴定合同》

9. 被告宣称其产品系其自行研发的广告，上有被告对其产品的宣传语

10. 某鉴定中心向原告公司开具的鉴定费发票

11. 国家某部门向原告签发的《中国环境标志产品认证证书》

12. 被告侵权产品的外观照片与原告商标的对照图

13. 被告公司销售经理张××的身份证复印件

14. 原告与某律师所签订的《律师委托代理合同》

15. 被告公司成立时的验资证明

16. 广东省商标局核发关于原告产品的"天××"注册商标的证明

17. 被告于××年××月××日在某报纸上刊登的广告复印件，上有被告产品的销量和收入等数据

18. 被告公司销售经理张××的名片 3 张，上有公司地址等记录

19. 被告公司最新一期年审记录和营业执照

20、公证处向原告公司开具的公证费发票

21. 被告向第三人销售侵权产品的发票 10 张

22. 原告委托某会计师事务所出具的原告在被告侵权产品生产和销售期间原告的销售报表对比统计表

23. 原告向该公司的母公司投诉其产品侵权的函

24. 原告委托某市场调查研究公司出具关于被告侵权产品是否与原告商标相混淆的《市场调查报告》

25. 某律师所向原告公司开具的律师费发票

# 法律并非无情物

## ——兼评一份附注"法官后语"的判决

陕西省铜川市耀县人民法院近日在给一起离婚案件下达判决书时，首次附注极富人情味的"法官后语"，深深打动了当事人的心。

"十年修得同船渡，百年修得共枕眠。风雨同舟二十载，苦尽甘来待发展。你二人已逾不惑之年，上有古稀老人殷殷期待，下有未成家儿女翘首以盼。扶老颐养天年，携幼走好人生关键几步，实为你们二人当前之要务……奉劝二位重修于好，举案齐眉……"附在法院判决书后的这段话，让45岁的原告乔某感动地流下泪水。

乔某与妻子同岁，家居耀县小丘村。上有古稀老人，下有一对儿女。去年7月开始，这对夫妇因家庭琐事发生争执，以至夫妻感情不和。乔某起诉到耀县小丘法庭要求离婚，但妻子坚决不同意。法庭多次调解，乔某赌气仍坚持已见。法庭近日向两人下达不准离婚的判决书。经综合分析该案案情，承办法官特意在判决书后附注这段后语。

看过判决书，抹去眼泪，乔某对法官说："以前我也和法院打过交道，今天我对法律和法官有了新的认识。离婚的事我会慎重考虑。"

简易案件简易审，但法制教育不能省。无独有偶，上海市虹口区人民检察院为失足少年推出一种新的教育模式——在起诉书末尾增加"检察官对你说"的教育词，取得了良好的社会效果。今年以来，该院先后对7件适用简易程序提起公诉的案件运用了"检察官对你说"教育词，这一做法首先得到了失足少年及其监护人的重视。涉嫌盗窃的少年张某的父亲在庭审后对检察官说，原来，我们对孩子平时的不良行为没有给予足够的重视。孩子出事后，全家人都觉得没有了希望，但是通过检察官约见、会见和参与法庭的审理，特别是看了起诉书之后，不仅了解了有关法律法规，而且增强了帮助孩子重新做人的信心，作为家长我们感到很欣慰。

少年汪某平时法制观念淡漠，由于结交了一些不良少年而走上了犯罪道路。检察院起诉书中的"检察官对你说"如是说："你原来也是一个要求上进的好学生，由于交友不慎，最终走上了歧路。希望你不要忘记辛苦养育你的父母对你的期望，在哪里跌倒就在哪里起来，积极实现你重新做人的愿望。"汪某的家长看了起诉书后说，"检察官对你说"不仅教育了孩子，给了孩子获得新生的希望，也给家长上了很好的一课。

虹口区检察院的这一做法也得到失足少年辩护人以及审判机关的肯定。失足少年仇某的辩护律师在看了起诉书中的"检察官对你说"后，认为这对那些文化层次较高的未成年人和初犯、偶犯的未成年触动较大，而且对配合法院审理少年犯的过程有一定的积极作用和显著效果。不少法官也认为此举能够充分体现"教育为主，惩罚为辅"的原则和"教育、感化和挽救"的方针。

以上两个例子，可说让人真切地感受到了法律的意义与人文关怀的和谐统一。法律不应是枯燥的法条，也不应是硬邦邦的术语。法律所涉及的是一个个活生生的人，一桩桩具体的事。法律具有惩治功能，但同时更为重要的是对于公民和社会的教育功能。一份好的判决书、起诉书不仅能够教育当事人，更会在社会上引起强烈反响，起到示范作用，让更多的人从中获益。

"法律必须被信仰，否则将会蜕变为僵死的教条。"当前，全国法院系统正在大力进行审判方式改革，其中一个很有象征意义的做法就是在判决书中增加"说理"的成分，使判决书更具有说服力，检查机关也在刑事诉讼中进行了许多有益的探索。这些都是司法机关更尊重公民、更加具有人情味的具体体现。这些将法律的微言大义寓教于审、寓教于判的新做法，将会在人们心中树立起法律的神圣权威，树立起对法律的崇高信仰。这正是寓教于审、寓教于判的最大意义所在。

# 现行民事经济案件庭审笔录的不足与完善

　　庭审笔录是法庭审理全部活动的真实记载，是证明案件审理程序合法、裁判内容真实的重要手段。法庭审理案件的全部活动，是指包括宣布开庭、法庭调查、法庭辩论和法庭宣判等环节在内的全过程。在全部笔录类文书特别是人民法院的各种笔录中，庭审笔录是使用得最多的文书。庭审笔录适用于刑事案件、民事和经济纠纷案件以及行政案件，凡是开庭审理的案件，不论是公开审理还是依法不公开审理的，不论是第一审程序、第二审程序还是再审程序都必须制作法庭审理笔录。庭审笔录全面反映了审判活动的全过程它把经过庭审核实的事实、证据固定下来作为人民法院制作裁判文书的依据，是审查庭审活动是否合法的重要依据，同时它也是以后的审判监督、总结经验、开展法制宣传的重要材料；通过法庭审理还可以看出审判人员的审判水平和审判艺术、公诉人和辩护律师的工作能力和口才。我国程序法规定，法庭审理的全部活动应当由书记员记入笔录这是制作法庭审理笔录的法律依据。由此可以看出，庭审笔录也可以反映出书记员的工作能力和水平。做好庭审笔录是人民法院书记员的重要职责是审判工作的一个重要环节。当前，审判方式改革越来越深人，法庭审理在审判活动中的地位和作用越来越突出，因而提高庭审笔录制作质量已经成为审判工作不可忽视的问题。

本文拟就现行民事经济案件庭审笔录的不足与完善谈一点粗浅的看法。

# 一、现行庭审笔录不足的表现

**1. 欠完整性**。庭审笔录必须完整地反映庭审活动的全过程和全部内容。既要反映案件审理过程，又要反映法官主持审理活动的情还要反映当事人及其代理人在法庭举证、陈述的内容和证人作证以及鉴定人发言的内容。从司法实践的情况看案卷中大部分庭审笔录仅反映了法官主持庭审活动的情况而对其他活动则有所忽视，或者根本不知道记录什么、怎样记录。有些笔录对当事人的发言也记录不全面。一些案件，对诉讼参与人和旁听人员有碍庭审的行为和扰乱法庭秩序的情况，也没有在庭审笔录中体现。因而现行庭审笔录普遍存在记录不全的弊病。

**2. 欠准确性**。准确性，是指书面语言所表达的内容与客观存在的情况、事实相符合书面语言所表达的内容与表达者所欲表达的意思相符合。最高人民法院办公厅秘书处编写的《法院诉讼文书讲义》对法院司法文书语言准确性的特点提出了明确具体的要求："意思清楚、明确，不能语义含混不清、模棱两可；也不能渲染铺陈或夸大、缩小尤其是归纳概括时不能走样、歪曲，而使事实、情节不符其实改变了性质；使用的每一个字和每一个标点符号都要精确，不应有错别字或乱点标点符号以免产生歧义。"庭审笔录的内容应准确地反映庭审活动的全过程和庭审的全部内容；要准确地记录法官主持庭审、提问当事人、认定证据、阐述裁判理由的语言和证人作证的语言。司法实践中由于书记员的记录速度跟不上有些庭审笔录往往存在对当事人的发言记录不全、记录不清或对当事人的发言用语记录不准确的情况。

**3. 欠规范性**。庭审笔录属于高度程式化的专用文书具有极强的实用性。格式的统一庭审笔录项目清晰、内容明确、层次分明使人一目了然，不仅便于书写、审阅、处理和执行，也有利于保存、管理、查阅和利用，有利于保证其完整性、正确性、有效性和庄重严肃性。在语言文字的规范性上庭审笔录要求所使用的语言规范、统一；对法官和诉讼参与人在法庭上活动情况的表述应当简明、扼要；对当事人和其他诉讼参与人在法庭上的发言都要原话记录。司法实践中，不少庭审笔录对法庭活动的表述用语基本上没有达到规范统一的标准，而是任由书记员自我发挥。

**4. 欠整洁性**。庭审笔录既有严肃性，又有权威性。当事人和庭审法官、书记员在笔录上签了字，就会证明作用。在司法实践中，不少庭审笔录由于书记员素质偏低或由于书记员在庭审中不认真，导致一些庭审笔录往往存在不够整洁或多处涂改的现象。有些庭审笔录字迹潦草，让人难以看懂；有些则版面凌乱，既不成行，又不成列，让人看感觉极不严肃。

# 二、现行庭审笔录存在不足的原因

**1. 书记员水平参差不齐，素质偏低**。在基层和中级人民法院，担任书记员的通常都是新招进法院的应届毕业生或在社会上公开招聘的人员；特别是在一些基层法院，书记员基本上是从其他单位调动过来的"新手"。这些人员大部分对庭审笔录毫无经验，个别甚至从文化水平和记录速度上都无法适应庭审的要求。而部分书记员经过几年的培养锻炼，待到有比较丰富的记录经验时，由于审判力量的不足，又被提拔为审判人员。这种情况循环往复，导致了书记员永远是由新人担任的状况。

**2. 书记员数量过少，难以满足庭审需要**。大部分法院由于受编制的限制，也由于相对较老的书记员陆续被提拔为审判员，因而，很多法院的业务庭都无法保证一合议庭一书记员的水平。有些法院的合议庭往往在开庭前才临时调配书记员，一些书记，有时一个上午要负责几个庭审的记录工作。

司法实践中，有时往往会因为书记员调配不过来而延误开庭时间。这种情况的出现，一是会使当事人对法官审判的公正性产生怀疑，二是对庭审的严肃性产生误会。同时由于书记员的任务过重，一些裁判文书的制作和送达工作忙不过来，还会造成部分案件的超审限，或者出现漏发漏送裁判文书的现象，从而出现违反审判程序的情况。

**3. 书记员缺乏竞争、进取的环境。** 由于一些长期累积的历史原因，致使我国现在基层和一些中级人民法院干警的文化水平普遍偏低，虽然法院内部已通过夜大、电大、培训班等形式使干警的整体素质有了较大的提高，大部分的书记员也通过边干边学，使自身的素质得到了较大的提高，进步较快，很快就适应了书记员的工作要求，但毕竟在书记员队伍中缺乏竞争机制，因而一些缺乏进取精神的书记员，水平提高不快、进步不大，始终停留在比较低的水平上。在他们的心目中，只要不当法官，书记员就可以长久当下考，一切都只因为书记员的位置是不需要竞争的：'现行的书记员管理制度，对书记员难以形成有效的监督：由庭长、审判长的很多事务性的工作都有赖于书记员去完成，一般书记员同庭长和审判长在工作中都建立了互相信任的关系，有些法官对庭审笔录根本不仔细审查就在上面签字。因而对庭审笔录内容记录不全或者极个别书记员庭审后在笔录中增加内容的现象也无法发现，从而造成冤案、错案或被二审发回重审。

# 三、对策及建议

**1. 切实提高书记员队伍的素质。** 现行书记员队伍大部分没有接受过专门的记录培训，即使从大专院校毕业出来的书记员也有相当一部分不符合要求，他们当中的很多人笔录速度较慢、字迹潦草，不少书记员对庭审的内容往往存在记录不全、记录不准确的现象。鉴于此，必须提高书记员队伍的素质以适应庭审改革的需要。一是要提高书记员的业务素质。现在甚至不少法院的书记员（近年来招考进来的除外都没有经过法律院校的专业培训，因而提高他们的业务素质是提高庭审笔录质量的一个重要途径。二是举办或选拔部分书记员去参加速记方面的培训，逐步提高他们记录工作的水平。

**2. 改革现行书记员的管理制度，将原来分散的管理体制变为单一的、集中的管理形式。** 设立书记员管理中心或者书记员统一由立案庭管理，并逐步形成一支服务于庭审、服从于法官的业务单一、管理集中的高素质的书记员专业队伍。

**3. 加大投入，增添设备，尽快实现现代化的电子记录**。市场经济条件下案件越来越多，法院庭审的频率不断加大，单靠手工记录，难免受到限制。而电子记录可有效地克服手工记录的缺陷，不仅可以提高记录速度，避免字迹潦草，还可较全面地反映庭审过程。所以只要财力许可，都应加大投入，增添设备，逐步推行电子化记录。

# 起诉状的写作

**案例导入**：交通事故致人死亡引起的损害赔偿并负担死者生前扶养人及遗腹子生活费纠纷案[1]

1992 年 10 月 27 日晚 10 时左右，四川希望旅游公司驾驶员胡永宏驾驶本单位三星牌小货车从成都返回眉山，行至新津县某乡境内省道 103 线路 33 公里 800 米处，因超速行驶，违章绕行，将正在该处横穿公路的叶文君撞伤，后叶文君经医治无效死亡。新津县交警大队认定，车方应负事故责任的 95%，死者应负责任事故的 5%。双方对此认定均无异议。车方并先付出了丧葬费 800 元和住院费 320 元。叶之妻黄学琼从小患小儿麻痹症，且属弱智，长期丧失劳动能力，叶死亡时，黄叶怀孕 8 个月，并于当年 12 月产下一女婴，取名黄卫。在新津县交警大队主持的调解下，车方同意支付死者抢救期间的医疗费、误工费、护理费、交通费和丧葬费、死亡补偿以及黄学琼的生活费，但对黄卫却以其时死者死亡后出生，不是叶文君的生前抚养人为由，拒绝支付黄卫生活费，双方因此发生争议。黄学琼、黄卫于 1993 年 3 月 17 日由黄学琼之父黄明代为向四川省新津县人民法院提起诉讼，

---

[1] 最高人民法院案例选编 [M] 北京：最高人民法院出版社，1999，（13）37 - 38

要求车方赔偿经济损失共计人民币 299443.60 元：其中医疗费、护理费等价 8323.60 元；黄学琼生活费每月 40 元，20 年共计 9600 元；黄卫生活费每月 60 元，16 年共计 11520 元。

根据以上材料，该案件实体及程序可以做如下之分析：

首先，对于案由而言，案件性质的概括是首当其冲的要义，这是一起因交通事故致人死亡引起的损害赔偿并负担死者生前扶养人及遗腹子生活费纠纷案。

其次，是诉讼当事人的主体资格问题。黄学琼是弱智，属于限制民事行为能力人，要进行民事诉讼，须由其法定代理人即其父黄明代为诉讼；原告黄卫是新生婴儿，属无民事行为能力人，而其母亲属限制民事行为能力人，不能承担法定监护人的责任，因此她的诉讼也应由黄学琼之父黄明代为进行，黄学琼、黄卫是本案的原告，黄明是她们的法定代理人；希望旅游公司的驾驶员是在执行职务中违章驾驶，将横穿公路的叶文君撞伤致死，《民法通则》第 43 条"企业法人对它的法定代表人和其他工作人员的经营活动承担民事责任"；第 106 条第二款"公民、法人由于过错侵害国家的、集体的财产，侵害他人财产、人身的，应当承担民事责任。"第 119 条"侵害公民身体造成损害的，应对赔偿医疗费、因误工减少的收入、残废者生活补助费等费用；造成死亡的，并应当支付丧葬费、死者生前扶养的人必要的生活费等费用。"根据上述规定，希望旅游公司应对造成的损失负赔偿责任。

再次，本案的焦点在于，双方之所以没有在交警大队的调解中达成协议，根本原因在于黄卫在事故发生时尚未出生，她是否是本案死者的生前抚养人。根据婚姻法的规定死者叶文君作为黄卫的生身父亲，负有抚养黄卫的义务，这种抚养与被抚养的关系因其本身的血缘关系根本的、不可改变的存在，并不因黄卫出生的早晚而发生实质性变化，毫无疑问，黄卫应被视为叶文君生前的抚养人，自然也就是本案的原告。

第四，根据以上分析，黄学琼、黄卫应当提起诉讼以维护自己的民事权益，依据是《民事诉讼法》第 108 条规定的起诉条件。

第五，管辖权而言，该案件属于新津县人民法院管辖。

第六，根据《民事诉讼法》第 109 条规定"起诉应当向人民法院递交起诉状，并按照被告人数提出副本。"

然后再讲授民事起诉状的格式及制作要求，并要求学生根据以上材料及分析写出诉状。

民事起诉状，是指具有民事诉讼主体资格的主体或其代理人向人民法院递交的，用于阐明民事案件事实，宣示民事诉讼请求，启动民事诉讼程序的法律文书。

# 一、民事起诉状的结构

由民事起诉状功能所决定，民事起诉状应当具备明确的受众、简练的诉讼请求、准确的事实描述，因此其写作必须遵循固定的结构，即应当按照首部、正文和尾部的体例展开。

### （一）民事起诉状的首部

民事起诉状的首部，应当包含以下要素：标题、当事人基本情况。首部的作用在于开宗明义，使受众在较短的时间内能够知晓所阅读的法律文书的类别、所述民事纠纷是发生在哪些当事人之间。

### （二）民事起诉状的正文

民事起诉状的正文，包括案由和诉讼请求、案件事实和理由、证据及其来源，以及证人的相关信息。

**1. 案由**。

民事诉讼中的案由，应当只能根据修改后的《民事案件案由规定》，在一级案由10个，二级案由42个，三级案由424个，四级案由367个做出选择。而且，案由的选择要准确，选择案由的过程实质是一个抽象案件事实的过程，也是对案件法律关系理顺的过程，同时是明确诉讼请求的过程。

**2. 案件事实**。

民事起诉状对案件事实的描述，应当清晰、准确，超过日常生活中所要求的一般意义上的清晰与准确。比如在进行一起借贷纠纷的案件事实描述时，如果按照日常生活对"清晰"和"准确"的理解，仅以"某年某月某日，某甲向某乙借入金额为ｘｘ的借款即可。但在民事起诉状中，不但要对以上事实进行描述，而且还应当包括以下要素：借款人、贷款人、用款人、借款利息、约定还款期限与方式、借款实际发放时间、借款用途、纠纷产生时间、金额等可能影响到案件判决的所有因素。

但这并不是意味着民事起诉状中需要包含的要素必然地大于日常写作中所需的要素，相反，在日常写作中运用的比如对案件事实发生时当事人的心理活动和说话语气等，则不需在民事起诉状中予以体现。

**3. 理由。**

民事起诉状中的理由，系指法律法规的依据，即民事起诉状书写者基于民事案件事实，法官应当支持其诉讼请求的法律法规依据。在阐述理由时，应注意对相关法律法规进行筛选。比如在一起人身伤害侵权赔偿案件的起诉状中，如果引用宪法中相关条款，就不如引用民法通则或侵权责任法中的相关规则恰当。在找寻法律依据时，尽量引用与案件事实更接近的法律法规，避免引用根本法等以权利宣示为主要目的的法律，并且避免引用法律中诸如原则等虽与案件有关，但缺乏具体操作性的条文。

**4. 证据及其来源。**

民事起诉状中的证据，应当符合《民事诉讼法》和证据规则规定，满足客观性、相关性与合法性的要求。在列举证据时，还应当写明证据的来源。例如，所引用证据为证人证言的，就应载明证人姓名、证件号码、年龄、职业、住址等确定证人身份以及能够初步证实其证言证明力的信息；如果所引用证据为勘验笔录的，就应载明勘验机关、勘验时间、勘验结果等信息。总之，证据及其来源的列举，都应当围绕证实诉讼请求开展。

**（三）民事起诉状的尾部**

民事起诉状的尾部，包含致送人民法院的名称、起诉人署名、起诉状制作日期以及附项。

致送人民法院的名称，是指该民事起诉状拟送达的人民法院的名称，用以确定民事起诉状的受众。起诉状制作日期，则有确定原告起诉时间、计算诉讼时效的效力。附项，则用于列明起诉时原告送交人民法院的证据材料等。

文字的表达都必须服从于其宗旨。对于民事起诉状而言，文字的优美、修辞的华丽，显然不是书写者的追求。民事起诉状的写作目的，首先，法官能够明白原告所表达的案件事实，知晓自己的诉求；其次，法官在此基础上能够支持自己的全部请求。所以，民事起诉状的撰写，都应该围绕这个主题展开。

但在现实的操作中，不乏有民事起诉状的书写者，在叙述案件事实时，错误地将文学作品中的修辞手法过度地使用于其中，以为大力渲染自己权利受到侵害的事实或被告的心理恶意等情形，就能够在法官心中形成共鸣。而且往往会在如此"声情并茂"的同时，忘记了对一些关键法律事实的陈述。这种以普通记叙方式对案件事实的表达，不当地掺杂了主观因素，违背了法律文书写作客观性的要求，反而有可能会因为过多干扰性情节的提供，增加了法官在审阅时提炼关键法律要素的难度，降低了司法效率，也有可能影响原告诉讼请求的实现。

诉讼请求的书写，实践中也多见有罗列过多不当诉讼请求的现象。有的诉讼请求与案件无关，有的诉讼请求超越法院职权范畴。例如，在一起物业管理纠纷中，作为小区业主的原告，在民事起诉状中不但要求被告物管公司依合同提供服务、退还多收的物管费，还要求法院判令物管公司撤出小区。显然最后一项诉讼请求不是该案能够解决的，只能由小区业主委员会另案起诉。

## 二、在规则之外对民事起诉状写作的点滴探索

规则能满足的是常态，在规则之外对案件的宏观把握和技巧应用，才能契合案件个性，获得最佳诉状。

民事起诉状是根导火索，引发民事诉讼，并在诉讼过程中被反复观察、解剖、证明、辩驳。因此，研究民事起诉状的写法，仅仅考虑格式、语言表达和写作规则是远远不够的，必须在虚拟状态下将其置于实战环境中，

才能发现一种最能准确表达原告思想，最大限度争取原告民事权益，最稳固占据诉讼的战略制高点，最有效配置诉讼的战术手段的法律文书。

### （一）写作规则的通用性不能满足个案的写作需求

法律文书有写作规律，民事起诉状也有写作规则。但法律文书写作规律揭示的是法律文书写作在所有状态下的通例，表现为高度浓缩和抽象的不需要证明的公式，是法律文书写作必须遵循的最基本的要求；民事起诉状写作规则则是在符合法律文书写作规律的情况下，对无数该种文书写作规律的高度浓缩和抽象，表现为对所有民事起诉状写作要求的通用性，是民事起诉状写作必须遵循的基本要求。

然而，每一个案件都是独一无二的，每一个原告的诉讼预期也都是各不相同的。仅仅遵循具有普世性的写作规律，应用具有基础性的写作规则，写出的文书只能是生产线上的产品，难以表达案件的具体情况，体现案件的个性特征。

要达到民事起诉状写作的高级层次，就不能停留在对文书格式、文书特征、作用、语言表达方法、结构、手续等基础要求和能力的关注上，必须在写作之前对全案了然于胸，并清楚诉讼策略、力量对比、兵力配置、跟进手段、应变措施，在虚拟的状态下模拟实战环境，在文书中恰到好处地将案情、法律规范、法律实务、诉讼技巧有机地结合在一起，使每份民事起诉状形式相同，内在却充分个性。

### （二）带着特定目的而不是拘泥于法律规定提出诉讼请求

许多书都告诉人们，诉讼请求要合法，起诉状中不能列入没有法律根据的请求。这个告诫无疑是对的，但提出这种告诫的人显然只注意到了法律规定而没有考虑到原告的真正的诉讼目的或者面临的实际处境。现实生活中，有的原告打官司的目的并不在诉状中提出的诉讼请求上。因而，起诉状中列出什么样的诉讼请求，需要考虑多种因素。

实践中的情况千差万别，下列情况往往而有：原告希望通过放大诉讼请求制造社会影响，达到扩大知名度的目的；利用法律规范的模糊地带碰碰运气；明知做不到也要提，只要不能给对方造成压力，不给自己造成负面影响。

**（三）案由要准确，方能引领诉讼方向，明确举证责任**

民事案件的诉状中并不单列案由。案由通常在诉讼请求部分得以体现，或者在理由部分从引用的法律依据中发现。

最高人民法院法发（2002）26 号《民事案件案由规定（试行）》中，就细细地将民事案件的案由分成了 300 种，每一种都有其特定意义。根据民事诉讼法第 138 条第 1 款的规定，案由是判决书必不可少的内容，而且是应当写明的第一项内容。对原告来说，这一法律规定所给出的启示就是，案由是民事起诉状必不可少的内容，而且应当将正确的案由写在诉讼请求的第一项中。

案由对原告的重要性从以下三点可以得到印证：

第一，案由决定提出请求的合法性。离婚案件的案由是离婚，原告提出离婚的请求就合法，提出与离婚相关的财产分割、子女抚养的请求也就合法。非法同居不受法律保护，当事人因要求分手而打官司，案件就不能定为离婚，自然就不能提出离婚的诉讼请求。

第二，在案件性质竞合的案件中，确定案由可以表明原告对案由选择权的行使。坐出租汽车出了交通事故，受害人可以再两个案由选择：城市公交运输合同纠纷（37-1）和道路交通事故人身损害赔偿纠纷（214-1）。一个农民工在从事单位指派的工作中被高压电击伤，受害人也可以在两个案由中选择一个：高度危险作业致人损害纠纷（225）和雇员受害赔偿纠纷（222）。

第三，在某些案件中，案由的确定将直接决定举证责任的分配原则。一个人被楼上落下的花盆砸伤了，如果他以人身损害赔偿纠纷作为案由起诉，则案件将被确定为一般侵权案件，原告只能选定一个人或一个住户为被告，并对他所认定的被告实施了伤害行为负举证责任；如果他以共同危险行为致人损害赔偿纠纷作为案由起诉，则案件就将被确定为特殊侵权案件，原告就可将所有可能实施伤害行为的个人或者住户列为被告，被告必须为自己没有实施伤害行为负举证责任。

在后一种情况下，案由的选定还会直接影响到诉讼的胜负。例如，两家企业签订了经营权转让合同后，一家企业反悔了，如果该企业起诉要求撤销合同（撤销之诉），则原告必须为合同属于可撤销合同且原告拥有撤销权举证，如果原告举证不足或者举证不能，则可能承担对其不利的诉讼结果；如果该企业起诉要求确认合同无效（确认之诉），则原告就必须为该合同的签订符合无效合同构成要件举证，否则，原告将承担对其不利的诉讼风险。

如果原告在诉讼请求中未表明案由，也必须在理由部分对案件性质的分析或者引用的法律条文中找到据以确定案由的根据。

### （四）陈述事实须因地制宜，应该但不强求与其他部分一一对应

一篇民事起诉状，当有一个完整的逻辑体系，文书每一部分都应该相互呼应。但这种呼应并不一定就是一一对应，在满足文书各部分之间逻辑联系的基础上，还必须考虑到举证责任的豁免和诉讼技巧的应用。

在民事诉讼中，谁主张谁举证是一个基本的举证规则，陈述事实应该有相应的证据支持，这种对应关系可以具体到案件情节。应该注意的是，在下列情形下，就不一定要满足这种对应关系：

对法律规定当事人无需举证证明的事实，可以只陈述事实而无需举证：众所周知的事实；自然规律及定理；根据法律规定或者已知事实和日常生活经验法则，能推定出的另一事实；已为人民法院发生法律效和的裁判所确认的事实；已为仲裁机构的生效裁决所确认的事实；已为有效公证文书所证明的事实；

原告确知事实有证据支持，但该证据因客观原因不能自行收集，可以在起诉后申请人民法院调查收集，起诉状中可陈述事实，不需要因为没有掌握证据而有所顾虑；

原告确知能证明自己所主张事实的证据为被告所持有，可以陈述事实，而在诉讼中要求法院适用事实推定原则推定该不利于被告的事实成立；

原告所主张的事实没有证据支持，但估计在诉讼中被告可能承认该事实，也可以陈述该事实，甚至于被告是否真的在诉讼中承认该事实，就要看当事人的诚实度和原告的手段了；

原告所主张的事实一时拿不到证据支持，又不能等到获得证据后再起诉的，也可以先行起诉，在起诉状中陈述该事实，而在举证期内继续举证或者要求法院延期举证；实在无法获得的，在诉讼中放弃主张就行了，但起诉时所掌握的证据至少应满足起诉的条件；

原告对准备主张的事实无法举证，估计被告也举不出反证的，有时也可以在起诉状中陈述该事实，而在诉讼中力证该举证责任的分配法律没有具体规定，依司法解释也无法确定举证责任承担，要求法院根据公平原则和诚实信用原则，综合双方的举证能力确定举证责任的承担，最低限度，可以将对该事实的举证责任置于不确定状态。

事实和理由的对应关系也应给予充分的注意，但这种对应关系只需要解决主要事实和重要情节方面事实与理由的对应就可以了，是不必求全的。

在事实与诉讼请求及案由的对应关系方面，情况则与前述不同，它不再是象事实与证据的对应关系那样，是具体对具体，而是用具体的事实对应抽象的案由，或在事实中隐现着诉讼请求的根据就可以了。

### （五）理由不在阐述多少而在罗列要准

起诉状历来是不重视对诉讼请求的法律证明的，现在仍然如此。究其原因，可能是因为理由部分并不能限制被告的答辩，对法官审案并无约束力。所以，理由部分的写作不需要长篇大论地展开论证，而只需要点出案件的性质，紧扣被告的过错，罗列适用的法律就够了。前面说过，案件性质对原告的起诉至关重要，应该在诉讼请求部分的第一条中就加以明确。但因为民事起诉状不单列案由，诉讼请求部分所反映出来的案由也未必准确，所以，有时候案由是从理由部分得到确认的。这个问题倒还不大，大问题在于如果案件涉及案由竞合，或者多名被告承担法律责任的原因不一，理由部分的写作就容易出问题。比如，在交通事故损害赔偿案件起诉状中，诉讼请求部分主张被告进行损害赔偿，理由部分却引用了合同法中旅客运输合同和违反合同的法律责任的条款；高压电触电事故案起诉状中列明了高压输电线路所有权人、安排工人在高压电线下作业的企业，理由中却拼命证明高压输电线路所有权人对受害人触电死亡有过错，不证明事故原因是多因一果。第一个案例中，既然诉讼请求部分要求是赔偿，就表明在这个案由竞合的案件中，原告选择了侵权诉讼，怎么在理由部分又倒回合同纠纷了呢？第二个案例中，高压电触电人身损害赔偿纠纷案件属于特殊侵权案件，实行的是无过错责任原则，即使高压输电线路所有权人对受害人触电死亡结果的发生没有过错，也必须承担赔偿责任，证明其有过错就没有法律意义；

另一方面，在这个案例中，高压电触电人身损害赔偿纠纷和雇主损害赔偿纠纷也有是竞合的，如果安排作业的企业是雇主，则既然已经选定高压电触电人身损害赔偿纠纷这一案由，也就不应该同时追究雇主的赔偿责任；如果安排作为的企业不是雇主，则理由部分就应该证明事故原因系多因一果。这样的起诉状，理由部分就全无准星了！

### （六）诉讼中的补救措施是对诉状质量的否定

民事起诉状写作中的缺陷可以通过诉讼过程中的其他手段进行补救，但这决不应该成为允许诉状中缺陷存在的理由。

缺陷就是缺陷，只会给原告带来麻烦，采取补救措施，可能弥补缺陷，也可能带来新的麻烦。例如：

诉讼请求提得不恰当，尽管可以通过向法院提出变更申请的方式弥补，但会重新确定答辩期和举证期，延长诉讼进程，也会使人感觉原告立场游移不定；

案由竞合而没有作出恰当的选择，会使法院难以确定适用的法律及确认当事人法律责任的承担，虽然在诉讼中法院有责任要求原告作出选择，以解决案由竞合的问题，但这无疑会使人觉得原告不专业；

遗漏重要案件事实，虽然可以在法庭陈述案件事实时予以补充，但这种做法很可能会遭到被告精明的律师的反对，以损害被告答辩权为由要求休庭，或以不告不理原则为理由反对法庭审理这一事实；

不提出适用的法律依据或者理由不准，虽然有负责任的法官可能会主动为其拾遗补缺，仍不免会给他人留下不敬业的印象。

# 反倾销起诉书制作刍议

反倾销作为最惠国待遇原则重要的例外，是 GATT 关贸总协定的一个漏洞。1979 年 GATT 在东京回合形成了《反倾销协议》。我国在改革开放初期，对国际贸易中的整套反倾销制度是相当陌生的。到 20 世纪 90 年代我国成了国际反倾销的重灾区和最大受害国。据商务部统计截止 2004 年外国对华的反倾销案件共达 650 余起，其中美国、欧盟两家占了一半这些案件涉及金额达数百亿美元。

一方面，这种愈演愈烈的情势对我国的出口商品构成了严重威胁。另一方面，随着我国进口产品数目激增，中国已经成为世界第二大贸易国。某些国外出口到中国的产品也已经对我国的相关产业和市场构成了倾销。中国企业应该勇敢地拿起反倾销的武器维护自身的合法权益。

在进行反倾销起诉时起诉书的写作是第一步，而且是至为关键的一步。目前国内对该文书的研究仍然处于起步阶段本文结合相关法律规定和案例，对该文书的写作方法作一粗浅的探讨，以期抛砖引玉。

反倾销起诉书一般应当包括以下内容：

## （一）引言

引言的典型形式是一个简短的陈述，阐明由于倾销的商品进口，对我国相关产业造成了实质性损害或实质性损害威胁，对相关产业的发展产生了实质性阻碍。同时明确指出进口商品和出口国家，说明起诉书由谁提交、代表谁的利益并请求商务部相关委员会发起反倾销调查。

## （二）一般背景资料

起诉书的这部分会提供起诉方生产的商品与进口商品在特征和用途上的相同之处，或相似产品在产业中的详细资料。起诉书中应注明作为起诉方的公司、行业协会各自的名称和地址并提供描述其与该产业相关程度的背景资料（例如：生产此类产品的起始年份，产量占全国总产量的份额，产品范围，投资范围公司联营机构状况等等）。

我国法律规定，反倾销起诉必须由某一产业代表提起。当符合以下标准时起诉可以被认为是代表一个产业提起"支持起诉的生产商或工人生产的产量占国内同类产品总产量的 25% 以上；且支持起诉的生产商或工人生产的产量占到已表明自身立场的生产商或工人所生产的国内同类产品的产量的 50% 以上。"如果起诉不能获得占国内同类产品产量 50% 以上的生产商或工人的支持，商务部就必须对该产业进行民意调查，或依靠其他信息来判定起诉是否获得了规定的支持水平。如果这个产业的生产商为数众多，商务部可以采取有效的抽样调查统计方式裁定起诉是否得到了应有的支持。

司法实践中，起诉方应尽可能清楚地证明他们有资格代表该产业提交起诉书。常见的做法有：几个生产商作为共同起诉方（作为独立法人或集体以特别委员会的形式）提起生产商与行业协会一起作为共同起诉方提起；起诉方从国内产业的非起诉成员、行业协会处取得支持信。

除了提供起诉方的资料外，起诉书的这一部分还应写明所有未参与起诉的我国生产商的名称、详细地址、电话号码和联系人。对于其中最大的生产商，还须提供一般的背景资料，例如他们的相对规模、生产设备所在地和最近四、五年来任何公司进人或退出该产业或发生所有权变动的具体时间。同时，起诉书还应注明是否有公司主要为国内消费生产以及据起诉方的观点在此类产品的定义范围之内，生产商的生产流程和销售产品范围是否有重大差别。

最后，这一部分中还应注明，在过去的 12 个月内，起诉方就有关产品是否已提起或是准备提起其他形式的进口救济。如果是，起诉方还应阐明其所寻求的救济形式并说明努力的结果

### （三）对进口商品、国内同类产品、出口商和进口商的描述

这一部分首先应对进口商品作一个简明的定义，说明此类商品与其他不在调查范围内的商品明确区分开来的技术特征或确切性质。这一界定既要有充分的涵盖性，以确保提供有效的救济并防止任何逃避可能签发相关法律命令的行为；又要有严格的限定性，以免把未造成损害的进口商品包括进去。因为我国商务部将从生产与调查范围中描述的进口商品（即被调查产品"同类"产品的所有生产商处搜集数据资料。因此，扩大进口商品的定义就会扩大我国国内产业范围。进口产品的定义还必须明确其在《中华人民共和国协调关税表》（HTS）中相应的关税类别。在基本界定的基础上，起诉方还应对该商品进行进一步的详细描述，包括内在的物理性质、生产过程中使用的原材料、进口产品与我国公司生产的同类产品的差别及产品的主要和次要用途。目录、销售记录、图表和其他描述性材料都是有用的，并可以作为起诉书的附件。对本部分的另一个要求是对"同类产品"进行界定。这一定义应尽可能清楚、确切不会遗留某种产品是否应被包括进去的问题。

另外，起诉书的这一部分还应包含下列内容：说明该商品正从或可能从哪一个或几个国家进口；（该商品的国外制造商、生产商和出口商的名称、地址、电话与传真号码我国进口商的名称、详细地址、电话及联系人。如果知道起诉方还应提供对我国出口的数量、价值和进口商品进入国外港口的资料。对我国出口的数据应包括最近三个日历年的数据及按日期计算的当年及上一年的数据。

### （四）补贴资料和（或）低于公平价值（LTFV）的价格背景资料

起诉书的这些部分完全属于商务部管辖范围相关法律依据可以参看2004 年 7 月 1 日实施的《对外贸易法》第 41、42 条，2004 年修订后的《反倾销条例》，由原外经贸部根据 2001 年《反倾销条例》制定的《反倾销调

查立案暂行规则》《反倾销调查实地核查暂行规则》《反倾销调查抽样暂行规则》《反倾销问卷调查暂行规则》《反倾销调查信息批露暂行规则》《反倾销调查公开信息查阅暂行规则》《反倾销价格承诺暂行规则》《反倾销退税暂行规则》《倾销及倾销幅度期中复审暂行规则》《反倾销新出口商复审暂行规则》，商务部制定的《反倾销产业损害调查规定》，最高人民法院制定的《关于审理反倾销行政案件应用法律若干问题的规定》。应当看到我国反倾销立法从无到有、从不完善到相对完善，其反倾销体制与 WTO 规则日趋一致，取得了长足的进步，其成就是不能忽视的。

### （五）紧急情况资料

"紧急情况"是在反倾销案中都有的条款，它允许在满足特定条件下，征收有限的追溯性关税。起诉方可以在起诉书中或在商务部做出最终裁决 20 天前的任何时候通过补充文件宣称处于紧急情况。在这种追溯性关税征收前，商务部必须独立做出肯定性裁决。对紧急情况做出肯定性裁决后，将对自正常起征之日前 90 天以后进口或从海关保税仓库中提出的用于消费的未通关的进口商品征收追溯性关税。商务部必须首先就是否存在紧急情况做出裁决如果裁决是肯定性的，且委员会也对国内产业是否受到实质性损害做出了肯定性终裁，那么委员会还必须做出另外的决定，即商务部最终对紧急情况的肯定性裁决是否可能严重削弱即将签发的反倾销反补贴令的救济效果。在做出裁定时，必须考虑的其他相关因素有：(1)进口时间和数量(2)进口存货的迅速上升；（3）其他任何意味着反倾销或反补贴令的救济效果会被严重削弱的情况。提出紧急情况的起诉方应该提供资料，表明在停止被调查商品完税通关前进口品大量涌人将削弱救济效果，不管进口商品大量涌入是否发生在关税可溯及的 90 天期限内。而且起诉方应该提供资料表明：在相对短期内发生了商品在大量进口；进口商已知或应知出口商在以低于公平价值的价格销售。

### （六）损害资料

起诉书的这一部分提供支持起诉方观点的资料，证明由于所指控的不公平进口，给国内相关产业造成了实质性损害或实质性损害威胁，对相关产业的发展产生了实质性阻碍。起诉书应包括统计数据以支持其指控一般说来这些数据应涵盖最近 3 个日历年份和按日期计算的当年及上一年的数据。起诉书至少应包括下列与实质性损害问题有关的统计数据并以表格形式呈递：

（1）被指控以低于公平价值销售的商品从各国进口的数量和价值，以及从各国进口的相同或相似产品的数量和价值。

（2）被指控以低于公平价值销售和（或）被补贴的有代表性的进口商品的售价，以及由起诉方在国内生产、向与进口商品直接竞争的客户群销售的同类产品的价格。

（3）与被指控以低于公平价值销售的进口产品的同类产品在我国的生产能力、产量、国内销售额、出口销售额和期末存货量。生产能力、产量、存货量的数据用数量表示（表明度量单位）国内销售额和出口额需用数量与价值两种数据表示。

（4）与被指控以低于公平价值销售和（或）受补贴的进口产品的同类产品在我国的厂商数量及相关从业人员的人数，以及这些工人的工时数。提起诉讼的公司的数据和该产业整体（包括提起诉讼的公司）的数据需分开提交。

（5）生产被指控以低于公平价值销售和（或）受补贴的进口产品的同类产品的公司经营的损益数据（净销售额；销货成本；毛利润或毛亏损；销售和一般管理费用营业收人或营业亏损）。如果被指控产品的必要成本数据在提起起诉的公司的会计记录中无法获得，可以采用包括被指控产品在内的上一级会计科目的数据。提起起诉的公司的数据和该产业整体（包括提起起诉的公司）的数据需分开提交。数据可以以日历年为基础提交，如果会计年度数据更容易获得也可以按会计年度报告（标明每个报告的公司会计年度的截止日期）。

除了以上数据，起诉书还应当指明起诉公司的要求和会在调查问卷中收悉价格信息的特定产品。起诉书还应列出每一个提起诉讼的公司在起诉书提交前三年间因被指控产品而造成的销售额和收益的全部损失。销售额损失和收益损失的指控都应在起诉方可以做到的合理范围内尽可能地标明数量和价值；销售额和收益损失的时期（年月）；有关企业（客户）的名称、地址及电话号码。

最后，起诉书中需提供由于以低于公平价值销售和（或）受补贴的产品进口而使国内相关产业受到实质性损害、实质性损害威胁或相关产业的发展遭到实质性阻碍等相关的所有其他信息。

### （七）结论

结论通常是一个简洁的、一段或两段的陈述，肯定被指控产品正在我国以低于公平价值销售，且由于该产品进口，生产同类产品的国内产业受到实质性损害或实质性损害威胁。

该陈述后面通常是对被指控商品征收反倾销税的请求。

# 司法考试论述题写作方法与技巧

  2003 年第二届全国统一司法考试，第四卷主观试题做了重大改革，增加了法学论述题的考试内容。司法考试论述题是一个全新的题型，分值很高，2003 年分值 30 分，2008 年猛增至 45 分，大体在 35 分左右，在卷四（合计 150 分）占的比例可谓大矣。由于该题有诱人的分值，许多考生在这道题上花了不少功夫，但效果却总体欠佳。2003 年达到 12 分以上的只有 6%，2005 年仅为 5%，相当一部分考生是因为卷四分数低而没有通过司法考试。作为一种全新的试题类型，"巨无霸"型论述题的推出为标志，司法考试命题正式打开了主观化改革的大门，论述题逐步成为左右考生司法考试能否过关的最大拦路虎。

# 一、司法考试论述题的特点

司法考试论述题旨在考察考生对现实问题运用法律和法学知识发现、概括、分析和解决法律问题的能力，重点检测考生的综合分析能力、文字表达能力及其逻辑思维能力和法学基本理论素养。该题型表现出两大特点：

## （一）内容要求法律专业化

这是由论述题的法律专业性质决定的。具体到考题当中，就是要运用掌握的法律概念分析解决问题。一般来说，对于论述题解答过程中涉及到的法律概念要及时下定义。论述题的得分点主要就蕴涵在定义及其分析之中。例如 2006 年卷四第五题是一行政法论述题，通过审题可以发现主要涉及两个行政法概念。一个是合法行政原则；另一个是信赖保护原则。此时就要及时对这两个概念下定义，并且结合题干的素材进行分析，最后提出自己的处理意见。再比如 2007 年的案例制度、法官的自由裁量权等知识点，2009 年的不得拒绝裁判原则、罪行法定原则的理论基础，以上内容基本上囊括了本论述题在法律专业要求上的得分点。

需要特别强调的是，许多考生对论述题的解答要求泛泛的理解界定在，只要运用法言法语就可以了。这是一些考生对论述题答题要求的认识误区。例如 2006 年卷四第五题，该题考察的知识点主要是合法行政原则和信赖保护原则极其关系。因此只能运用行政法的知识解答。如果抛开行政法知识点，从宪法或者法理学的角度做答，虽然使用了所谓法言法语，但是由于不符合该题的解答要求，因此就无法获得该知识点的分数。类似的错误属于典型的跑题现象。以上分析说明，论述题的答题要求有明显的案例化趋势。司法考试第四卷案例题的每一个得分点，都是明确的，无可替代的。论述题的考点主要集中在各具体学科中。除非论述题有明确的要求，否则一般不能只从法理学的角度做答。法理学的知识主要在论述题结尾时"提升主题"或者"引深主题"的时候才会用到。

### （二）形式要求的准作文化

论述题毕竟不是案例分析，因此在答题要求上除了有一些案例化的特点外，还有一些作文化的要求。例如，在答题的字数上有明确的要求（2006年的要求是不少于600字）；在文字上有所谓语言流畅，文字通顺的要求；在文体上，一般要求是议论文体。

虽然论述题的答题要求有一些作文化的要求，但还不是完整意义上的作文化要求，基于此笔者把论述题的答题形式要求概括为准作文化。例如，作文必须要有标题，但是论述题则没有对标题做明确的要求；作文有明确的标题、开头，正文以及结尾的结构要求，而论述题则无此要求。论述题的准作文化，要求考生在答题的时候注意避免把论述题简单地回答成案例分析题，要注意在答题形式上兼顾准作文化的要求。

论述题的法律专业性决定了论述题的主要得分点都集中在法律概念及其分析之中，因此在评卷过程中，自由裁量的空间并不大。而论述题的准作文化（容易导致自由裁量）要求中，设置了较少的得分点，所以在评卷中，虽然自由裁量的空间相对较大，但对论述题的总得分影响并不大。

虽然论述题也有一些准作文化的要求，但其在性质上仍然是法律考试，而不是作文考试。所以说，论述题的解答必须首先符合法律专业的要求，其次才是一些准作文化的要求。否则即使表达如逻辑学家般严谨，语言如文学家般流畅，文字如书法家般优美，句逗如语言学家般准确，一样不能获得高分。

# 二、司法考试论述题的写作方法

写作有法但无定法，司法考试论述题的写作大致应遵循以下方法：

### （一）准确审题

司考论述题根据命题要求不同，论述题可以划分为叙述式、说明式、评论式、分析式和批驳式五种：叙述式论述题，一般要求考生把一事实或法律原理详细、准确地表述出来，如05年的"案例、判例与司法解释"。说明式论述题，则要求考生用自己所掌握的法学语言，对某一事件或法学原理进行解释，如06年案例／判例分析式："黄碟案"的分析。评论式论述题，就是要求考生运用所掌握的法学知识或理论对事件或人作出法学或法律价值评判；2003年司考试卷四的第八题，即属于评论式论述题，它要求考生在对某政府机关的做法进行评论的基础上，论证自认为其中正确的观点和理由。分析式论述题，则是要求考生对某一现象进行法理与法律分解，并找出这些独立的组成部分相互之间的内在关系，如09年对"有法律依法律，无法律依习惯，无习惯依法理"格言法条的分析。批驳式论述题，要求应试者用自己的法学观点对试题所展示的观点或立论进行反驳。要顺利通过审题这个环节，应解决以下三个方面的问题：领会出题者的命题意图；理清材料的逻辑关系；区分材料的主次关系。

在审题这个环节，要注意看清论述题型。论述题的题型不同，解答方式也就不同，考生一定要看清试题类型，选择相应解答方式。根据试题形式的不同，可以把论述题分为案例发生型的论述题和理论研究型的论述题。在以往多年的考试中，多数论述题都是案例生发型的论述题。针对不同的论述题，答题时采取的策略也不同。要抓住主题，给定材料的根本核心问题只有一个，无论派生的分支问题有多少个。每一个材料，无论数据、事例、观点，总有其产生的原因。尽管材料千头万绪，深入追溯每个材料的原因。

### （二）抓住中心问题，确立主要论点。

司考论述题通常足先给出一个相应的案例或论述，然后提出需要考生论述的问题。故考生应该抓住试题的中心问题，按照"是什么"、"是与非"、"为什么"和"怎么办"的思路展开阐述。然后根据中心问题确立论点。在确立论点时，考生应考虑到时间的许可度，论点数量不宜过多安排应有主次轻重，尽量将重要的论点前置。以众多事例中最典型、最有代表性、最有说服力的事例、数据、场景作为文章的切入点（对事例的描述要求形象生动，概括性强，忌拖沓，忌不加剪裁照搬照抄），然后马上揭示其本质意义，接着直接提出论点。这样做的好处主要是：写的容易写，看的容易看。以大道理开头的文章，不好驾驭，也不容易获得评卷人的认同。

### （三）选准有力证据，论证全面充分。

选择论据的首要准则或要求是针对性。考生应从说明或证明论点的需要出发，选取证明力、解释力或反驳力较强的论据为论点服务。在有限的考试时间里，考生不可能将所有符合要求的材料都选择进来，必须进行筛选，只能将最有代表性或最有说服力的材料选作论据，而不是毫无选择地进行材料堆砌。

论述过程要做到充分、全面。中心问题的内涵应该在论点中有完整的体现，并且所有论点都有充分的论据为基础，论点应足对论据的正确概括。要注意说理的全面性，不能以偏概全。在表述上要注意逻辑，内容之间不能相互矛盾和冲突。尤其要注意理论联系案件实际，将法理、法律与案件事实结合起来，运用法学理论来对事实作出解释。一般从事物的政治经济本质、人文环境入手分析事物产生的原因，接着说明事物的现时状况及现实意义，进而深入分析其发展的趋向或对相关领域的作用和影响。

理清论证要注意以下几点：第一，凡事有果必有因，因消则果灭。从对立的角度出发，采取有效措施对问题产生的原因进行打击、削弱、限制、引导等处理，就可以有效地解决问题。第二，问题产生的原因层次有深有浅、有内有外、有轻有重、有主有此，可以整理出相应不同层次的解决对策，选其具体部分，则为切实可行，选其深层部分，即是远景规划。

写作要领：层次分明（运用"首先"、"其次"、"第三"、"第四"等标示各段，每一个分段的段意一般在该段的第一句直接写明），逻辑严密（注意处理好各段的顺序关系，如由内到外、由表及里、由浅到深、由虚到实等等，语句表述上演绎合理，归纳准确，层层推进，有条不紊），紧扣材料。

# 三、司考论述试题的评分标准

司法部所公布的司考论述试题的评分标准大致体现在立意及内容、语言表达、结构层次和卷面等几个方面。

**阅卷实践中按照等级划分，大致如下（以 09 年满分 50 分为样本）：**

1. 一类文：立意鲜明，内容具体，中心明确；语言简明、连贯、得体，表达方式运用恰当，无病句；结构合理，条理清楚，详略得当；法言法语使用正确严谨；书写规范、工整，格式正确，无错别字，标点正确，卷面整洁、美观。得分 41～50 分。

2. 二类文：内容具体，中心明确；语言通顺，表达方式运用恰当，基本无病句；结构合理，条理清楚；法言法语使用正确；书写规范、工整，格式正确，基本无错别字和标点错误，卷面整洁。得分 31～40 分。

3. 三类文：立意基本明晰，内容比较具体，中心比较明确；语言基本通顺，表达方式基本恰当，有个别病句；结构合理，条理基本清楚；法言法语使用正确；书写比较规范，格式基本正确，错别字和标点错误较少，卷面比较整洁。得分 21～30 分。

4. 四类文：立意不够明确，内容不够具体，中心不够明确；语句欠通顺，表达方式不够恰当，有少量病句；法言法语不够规范；结构基本完整，条理不够清楚；字体潦草，错别字、标点错误多，格式不正确，卷面不整洁。得分 11～20 分。

5. 五类文：立意不明确，认识有错误，内容偏离题意，中心不明确；语句不通顺，表达方式不恰当，有多处病句；法言法语使用不规范；结构不完整，条理不清楚；字体特别潦草，难以辨认，卷面涂抹较严重。得分 10 分以下。

**评卷的扣分点：**

1. 字数以 10% 为线，多、少在 10% 以内，不扣分，超过 10%，每 50

个字扣 1 分。

2.没拟出题目的，减 1 分。

3.3 个错别字扣 1 分，重现的不计；标点错误较多或模糊的扣 1 分。错别字、标点和卷面扣分累计不超过 3 分。

4.字体端正、美观，卷面整洁的，加 1 分；反之，字迹潦草、卷面不洁的，减 1 分。

5.内容有严重问题的，提交阅卷领导小组处理。

# 律师尽职调查报告写作方法刍议

律师尽职调查报告这种非法定法律文书，伴随着中国加入 WTO 的脚步逐渐传入内地，被广泛地运用于公司并购、股权或项目转让、资产或债务重组、证券上市、不良资产买卖以及其他的重大经济活动当中。据报告，著名的摩托罗拉公司在决定进入中国投资之前，所花费的尽职调查费用高达 1 亿美元。

## 一、律师尽职调查报告的定义和作用

律师尽职调查报告，就是在重大经济活动的合同双方达成交易之前，一方委托律师对交易双方背景、交易标的合法性以及交易模式和程序进行调查和了解情况，并形成书面材料供交易一方参考所形成的法律文书材料。尽职调查是努力将交易信息从不对称到对称的过程（当然，也存在制造新的信息不对称的可能），从而有效减少或最大限度消除由于信息不对称对交易双方所造成的风险。因此，尽职调查的结果对双方是否最终达成交易起着非常关键的作用。

尽职调查是交易双方博弈的重要环节。买方聘请律师进行尽职调查，就是要通过律师的专业眼光，发现交易当中的瑕疵、风险和不完美之处，因此买方更愿意尽可能多了解卖方的情况尤其是负面信息。对于卖方而言，配合律师进行尽职调查是促使交易成功的前提条件，但是，卖方必须在尽量提供足够多的信息和尽量少提供负面信息之间进行权衡，若信息提供过于全面，则可能导致买方将来的法律索赔诉讼，卖方会有心理顾虑；若过份夸大负面信息，则买卖双方都可能临阵退却。所以，律师在进行尽职调查时应当充分考虑到买卖双方的心理不同、期望差异和顾虑，对于卖方关键材料提供不足之处，应当穷追猛打，如此才真正显示出律师的作用；对于次要问题，则应当在提醒买方存在风险的前提下灵活处理，避免成为交易杀手。

# 二、律师尽职调查报告的写作方式

律师尽职调查报告属于非法定法律文书，按照实践中形成的交易习惯，参照国外律师事务所律师尽职调查报告的写作规格，律师尽职调查报告一般由封面、首部、正文和尾部四部分组成。

## （一）封面
尽职调查报告一般需要制作独立的封面，以表示庄重。封面具体形式可以参考各间律所的自定格式，不需统一要求。

## （二）首部
首部包含如下五个部分：委托来源、委托事项和具体要求；调查手段和调查工作概要；出具报告的前提；报告使用方法和用途；导入语。

如下是一份关于银行委托某律师事务所进行贷款债权及其附属权益进行调查分析的《律师尽职调查报告》首部的样本：

（注：以下说明委托来源、委托事项和具体要求）

根据××银行××支行（下称"××银行"）与××律师事务所（下称"本所"）签订的《项目尽职调查委托合同》，以及《中华人民共和国律师法》以及相关法律法规的规定，本所接受××银行的委托，作为整体处置××公司（下称"主债务人"）项目（下称"本项目"）的专项法律顾问，就本项目的债权及担保债权权益有关事宜（下称"本项债权"），出具本尽职调查报告。

（注：以下说明调查手段和调查工作概要）

为出具本法律意见书，本所律师审阅了××银行提供的与本项债权相关的法律文件的复印件，走访了相关的政府部门，并就有关事实向××银行有关人员进行询问、听取了有关人员的陈述和说明。

（注：以下说明出具报告的前提）

本法律意见书基于以下前提作出：有关文件副本或复印件与原件一致，其原件及其上的签字和印章均属真实；有关文件及陈述和说明是完整和有效的，并无任何重大遗漏或误导性陈述；且无任何应披露而未向本所披露，但对本项债权的合法成立、存续、数额等有重大影响的事实。

在本法律意见书中，本所仅根据本法律意见书出具日前已经发生或存在的事实及本所对该等事实的了解和本所对我国现行法律、法规和规范性文件的理解发表法律意见。对于没有完整书面文件支持的事实，本所依据政府部门提供的文件、专业经验和常识进行了一定的假设并基于该等假设进行法律分析和作出结论，而该等假设可能与事实存在差异或不符。

（注：以下说明报告使用方法和用途）

本法律意见书的任何使用人应当清楚：尽管本所律师已尽力对所掌握的事实和文件进行专业分析并作出结论，但鉴于各个法律从业者对特定事实的认定和对法律的理解不可避免地存在差异，且法律理论与实践也不可避免地存在差异，因此司法实践结果可能与本法律意见的判断存在差异。本法律意见书所认定的事实以及得出的法律结论仅为本律师作出的客观陈述及独立法律判断，不构成对相关法律事实、法律关系、法律效力或其他法律属性的最终确认、保证或承诺。使用人针对本项债权的任何决定均只能被理解为是基于自己的独立判断而非本法律意见作出。

本所在此同意，××银行可以将本法律意见书作为本项目的附属文件，供有关各方参考使用，除此之外，不得被任何人用于其他任何目的和用途。

（注：以下为正文导入语）

本所律师按照中国律师行业公认的业务标准、道德规范和勤勉尽责精神，出具尽职调查报告如下：

### （三）正文

正文部分根据尽职调查的目标和项目内容不同，写作内容略有差异，但主题部分是必须的。现以一份某企业并购项目当中的律师尽职调查报告为例来分析之。

**1. 并购主体**。

必须调查交易主体设立的程序、资格、条件、方式等是否符合当时法律、法规和规范性文件的规定，包括交易主体设立过程中有关资产评估、验资等是否履行了必要程序，是否符合当时法律、法规和规范性文件的规定，涉及国有资产时是否取得有关批准。此外，还要调查交易主体现时是否合法存续，是否存在持续经营的法律障碍，其经营范围和经营方式是否符合有关法律、法规和规范性文件的规定，其未来的存续是否存在限制性因素等等。

**2. 组织结构**。

主要调查企业的组织机构图、规章制度、历次董事会、股东会、监事会的决议、会议记录等。对在有关部门备案的文件，应当到有关部门去核查验证。

**3. 关联方**。

主要调查与并购主体存在法律上的关联关系的各方以及其他利益相关者。具体包括但不限于控股股东、控股子公司、实际控制人、债权人、债务人、消费者、监管部门等。同时视乎客户的委托要求，有可能对其核心成员的道德信用也纳入调查范围，因为道德风险可能会引发其他诸如经营、法律、财务等风险。当然，鉴于中国目前的信用体系并不完善，这方面的有效调查手段很少，因此在实际调查当中这方面的调查多数流于形式。

**4. 主要财产**。

调查体现为以下几个方面：首先，权属查证。有形财产如土地使用权、房产、设备等，无形财产如商标、专利、著作权或特许经营权等，主要审查财产以及已经取得完备的权属证书，若未取得，还需调查取得这些权属证书是否存在法律障碍；其次，权利限制。调查财产是否存在权利被限制例如抵押、质押等情况，调查财产是否存在产权纠纷或潜在纠纷；第三，现场核实。调查财产是否存在租赁情况以及租赁的合法有效性等问题。

**5. 经营状况**。

主要包括行业发展的来龙去脉、产业政策的演变、对外签订的合作协议、管理咨询协议、研究和开发协议；供货商的情况；主要购货合同和供货合同以及价格确定、相关条件及特许权规定；市场开拓、销售、特许经营、委托代理、以及独立销售商的名单；消费者的清单；有关存货管理程序的情况；主要竞争者的名单；产品销售模式及其配套文件等；作出的有关产品质量保证文件；有关广告、公共关系的书面协议等等。

**6. 债权债务**。

企业的债权债务对未来的权益会产生重大影响，但又难以仅从表面文件发现，所以往往是陷阱所在。因此，对于企业的应收应付款项应当重点调查其合法性和有效性；在调查将要履行、正在履行以及虽已履行完毕但可能存在潜在纠纷的重大合同的合法性、有效性和诉讼时效的同时，核查其是否存在潜在的风险；在调查企业对外或有负债情况时，应着重对抵押、质押、保证以及其他保证和承诺的风险进行核查。此外，对于企业经营过程当中常见的因环境保护、知识产权、产品质量、劳动安全等原因产生的侵权之债也应当纳入债权债务的调查范围之内逐一予以核实。

**7. 环境保护**。

应当调查企业的生产经营活动和已经投资和拟投资项目是否符合有关环境保护的要求，是否具有相关的环境评测报告和证书。

**8. 产品质量**。

企业产品是否符合有关产品质量和技术监督标准，是否具有相关的产品质量证书。

**9. 财务调查**。

　　财务状况是企业经营状况和资产质量的重要标志之一。但是，基于避税或其他原因，企业的财务状况和数据往往有不同的处理方式，有时候并不真实反映企业的真实状况。因此，有必要对财务数据做必要的调查，这类调查一般是委托会计师事务所进行的，主要包括以下内容：销售收入；产品销售成本；市场开拓情况；研发的投入与收益情况；原始财务报表；经过审计的财务报表；采用新的会计准则与原有会计准则的不同之处所产生的影响；会计政策可选择条件的不同选择所产生的影响，等等。

**10. 人力资源。**

　　在这方面应调查的信息资料需包括以下内容：主要人才的个人档案；聘用合同资料；劳动行政管理部门有关员工福利规定的文件；保密协议；知识产权协议；竞业禁止协议；经营管理者和关键人员的年薪和待遇历史情况与现状；员工利益的未来安排，如退休金、股票期权、奖金、利益分享、保险、丧失劳动能力补助、储蓄、离职、节假日、度假和因病离职的待遇等；人才流动的具体情况；员工纠纷的具体情况，等等。

**11. 保险。**

　　调查的范围主要是保险合同、保险证明和保险单，险种主要是一般责任保险、产品责任保险、火险或其他灾害险、董事或经营管理者的责任险，以及雇员的养老、失业、工伤保险等。

**12. 诉讼或处罚。**

　　针对企业可能存在尚未了结的或可预见的重大诉讼、仲裁及行政处罚案件，以走访相关部门的形式予以调查核实。另外，还应当调查企业高级管理层如董事长、总经理等核心管理层人员是否存在尚未了结的或可预见的重大诉讼、仲裁及行政处罚案件。

**13. 优惠政策。**

　　由于我国存在名目繁多且行政级别不同的税收优惠、财政补贴，如果并购主体存在享受税收优惠、财政补贴的情形，则要对相应的政策是否合法、合规、真实、有效予以特别关注，在某些情形下，这些政策是企业生存和赢利的关键。

**14. 地方政策。**

　　鉴于我国地域情况差别很大，我国法律的规定仅仅是原则性的，各地区的行政规章在理解和执行上往往有很大差异，例如报批时间上的不同和报批文件制作要求的差异等，这些差异将对交易双方的成本核算构成直接影响，有时甚至直接影响交易结构。因此，在尽职调查报告当中加入此部分调查非常有必要。主要包括两类内容，一是地方政府、部门针对本行政区域内所有企业的普遍规定，如行业投资政策、税收优惠政策、财政补贴政策、反不正当竞争、环境保护、安全卫生等；一类是针特定行业或范围企业的特殊政策，如：审批程序、审批条件和各类许可证等。

总而言之，律师尽职调查报告的正文部分涵盖项目较多，其内容和结论将会对并购当事人未来的利益、风险产生一定的影响。调查就是要理清其中的来龙去脉，进而对从政策、产业、行业、财务、法律、人员等等诸多方面的风险、收益进行整体评估。整体评估的结果将构成并购的基础。

**（四）尾部**

尾部包括签署、日期、用印以及附项等项目，格式如下：

本报告仅供参考，不作证据或其他用途。

×× 律师事务所

律师：_____

××××年××月××日

# 合同书写作中常见"陷阱"的规避方法

　　合同书是当事人双方或数方为实现某种目的经协商同意后订立的有关权利义务关系的文书，它是平等主体的自然人、法人、其他组织之间设立、变更、终止民事权利义务关系的协议，具有法律的效用。从司法实践来看，大量民事诉讼的起因是合同纠纷，而造成合同纠纷的根本原因是当事人在合同书的写作过程中没有注意按照《中华人民共和国合同法》（以下简称合同法）的要求进行操作，对合同要素和文字表达斟酌、审核不够，影响当事人真实意思的表达，造成当事一方或多方在理解上的偏差，形成合同陷阱。合同陷阱的形成不仅影响合同的执行力，给当事人带来经济或声誉上的损失，也给别有用心的不法分子留下了操作空间。因此，我们在合同书写作过程中，特别是在合同书初稿完成后不要急于应用，而要依据合同法，对合同文本进行必要的审核和检查，规避合同陷阱，降低合同风险。

# 一、"四核"避开效力陷阱

所谓效力陷阱指合同的全部或部分内容失去法律支持或执行意义，形成无效合同或无效条款，这是最严重的一类合同陷阱。如果我们在合同签订过程中对当事人和相关内容进行必要的审核，是完全可以避免的。具体来说，要保证合同的有效性，最少要做四个方面的核实工作。

**（一）核资质是否合格。**资质是企业、组织和自然人从事相关工作和经营活动的主体资格。一般来说，资质分为法定性资质和限定性资质。前者是国家在对行业、企业进行管理时以法规形式明确经营或从业者必须取得的资质（许可证）。包括企业单位的营业执照、特殊资质（如化学品经营资质、烟草经营许可证），个人的执业资格等等。后者则指当事一方依法在招标文件、邀约文件中明确要求经营者应具备的资格。不管是哪种资格，都是合同成立的前提条件。因此，我们在签订合同前，必须审核对方是否具有相关资质，一旦发现资质缺失、不达标或有资质造假行为，要坚决终止合作。

**（二）核权限是否相符。**合同法明确规定"当事人订立合同，应当具有相应的民事权利能力和民事行为能力"。通俗地讲，我们在准备合同书时要审一审合同的相关内容与合同当事人拥有的权限是否相符。有几种情况要特别注意。一是尽量不要与机关、企事业单位的内部机构或分支机构签约，因为这类机构一般不具备独立法人资格，没有对外缔约的权利。确需与上述对象签约，应审查其是否取得合法的授权文书。二是不要与没有相应民事行为能力者签约。法律规定与未成年人、精神病人签订的超出其行为能力的合同需要得到法定代理人的追认才能生效。因此，碰到这类对象，要从年龄、智力、精神健康状况方面审核其是否具有独立的、完全的民事行为能力。如果是限制民事行为能力者，应与其法定代理人协商。三是不要与越权者签约。首先，我们要审核当事人对合同标的物是否有完全处分权，与没有完全处分权者签订相关合同无疑是结网自缚。其次，与委托代理人订立合同的，要审查其代理权限，对突破权限的条款应慎之又慎，对不能取得相应代理权限者应坚决放弃。如甲公司一推销员只有50万元代理合同权限，但乙公司在未审核其代理权限文件的情况下与其签订了200万元标的的合同并预付40万元货款。后该推销员携款逃跑，甲公司以合同标的物价值不符合代理文件要求为由拒绝履行合同，这个教训令人警醒。再次，企业经营范围超出营业执照规定范围的，也是一种越权行为，我们同样要慎重。

**（三）核内容是否合法。**

内容合法是合同成立的前提。合同法对此有明确的规定，国家工商行政管理总局2010年出台《合同违法行为监督处理办法》对此也有专门要求。我们在合同书写作时，要注意对约定的内容进行合法性审核。一要看合同中有无损害国家、集体或第三人利益的内容；二要看有无损害社会公共利益和社会公德的内容；三要看有无违反法律、行政法规的强制性规定内容。一旦发现上述内容，必须及时修正，否则相关约定不但得不到法律的支持，造成严重后果的还要承担相应的法律责任。如武汉某公司违反国家规定，明知某甲没有危险化学品处理的资质和能力，仍与其订立处理公司一批化学废水的合同。某甲未经任何处理将该合同项下的化学物质倾倒于一处荒山，造成大面积植被死亡和环境污染。该公司后被要求支付巨额罚款，主要责任人与某甲同被判处有期徒刑，教训何其深刻！

**（四）核标识是否有效。**

合同法规定："当事人采用合同书形式订立合同的，自双方当事人签字或者盖章时合同成立。"从这里我们可以看到当事人签字或盖章是合同成立的标识，其有效性决定了合同书的有效性。一般来说，对合同成立标识有效性的审核可从相符性、完整性和程序性三个方面进行。所谓相符性就是要审核印章与落款单位是否相符，防止用部门章代替法人章；审核代表人是否是法定代表人或委托人，防止越权代理。完整性则要求所有该签字、用印的地方全部按要求签署，不留空白；法律法规规定需批准、登记、提供担保的地方是否签署到位等等。程序性则要求按法定程序或单位内部规定程序操作，不可逆向签署。特别要注意的是，合同书最好由当事人当面签署，确需一方先签署再邮寄另一方签署的应及时对回寄的合同书进行检查，防止对方私自进行修改。

# 二、"四查"避开文字陷阱

众所周知，合同在订立时，当事人都认为没有问题，而分歧往往出现执行过程中。这是因为当事人的专业和受教育背景不同，对文字的理解能力也存在差异。在特定的语言环境下，这种差异会隐藏或淡化分歧，从而形成文字陷阱，影响合同的执行。从笔者研究的情况来看，文字陷阱的形成也有一定的规律性，只要我们养成推敲文字的习惯，仔细查验几个重要环节，基本可以避免出现严重的文字陷阱。

**（一）查概念表达是否清楚。**

概念本指我们反映客观对象本质属性的一种思维形式，其语言形式表现为词和词组。这里所说的概念要清楚，就是指合同中用到的词或词组要能准确界定事物的内涵与外延，具有唯一性、排它性。要做到这一点，首先要学会辨析词义，做到用词准确。如合同中常用到"订金"与"定金"，二者一字之差，意义则相差万里。前者仅指预付款，不具备担保作用。后者则具有担保作用，合同正常执行时，定金可作预付款；交付定金的一方违约时，定金作为支付对方的违约金；收受定金的一方违约时，应双倍返还。二是当某一词语不能正确表达意思时，要注意修饰、限定到位。如某合同项下规定"订购淀粉 200 吨"，实际上淀粉有土豆、豌豆、红薯等不同原料加工的产品，其品质、价格差异较大，我们在合同书里就必须限定是何种淀粉。三要注意慎用"尽快""较高"这类模糊词语，代之以具体的时限和指标要求。

**（二）查标点使用是否准确。**很多人在订立合同时比较重视斟酌词语而不太注意标点符号的使用。实际上，标点是辅助文字记录语言的一套符号，具有表停顿、表语气、表词语性质的作用，甚至能引起词语、句子意义的变化。也就是说，标点符号使用不当同样会引起歧义，形成合同陷阱，应引起足够的重视。一要查漏用。由于各种原因当用标点而未用标点，会造成一语多义，引发纠纷。如甲乙两公司签订加工合同规定："甲方为乙方生产螺丝、螺帽、垫圈等零件，三种主要设备由乙方提供。"由于文印人员粗心，漏掉逗号，引起歧义，执行中双方均坚持利于自己一方的理解，造成合同不能按时履行。二要查错用。特别是逗号和顿号的错用，在特定语言环境中会引起不同的理解。据《江南时报》报道，镇江丹阳市的一家乡镇企业与浙江海宁某皮革供应公司签订供货合同，要求对方"皮革宽度在四尺以上，有瑕疵的不要"，却误将文中的"逗号"写成了"顿号"，致使供货方所供货物全是四尺以下的皮革。如按此执行，买受方损失巨大，可谓是"一号失千金"。幸运的是丹阳市工商局及时出面与供货商反复协商，取得对方谅解，帮助企业挽回了损失。

**（三）查品质描述是否明确**。我们知道，合同标的物的品质是合同履行的关键，因而在合同书写作过程中一定要检查是否对其进行了明确描述。成熟的工业产品，国家有配套的质量管理标准，一般可通过明确生产（制造）商、产地、品名、商标、规格等加以限定。服务类产品可通过规定服务主体、服务等级或关键指标（服务标准）的方式加以明确。矿产品、农产品则要通过明确原产地、描述外形，规定有效成份含量等方法进行品质保证。当然，对于非鲜活类产品也可采取约定样品的方式明确商品品质。值得注意的是，凡能用一种方法表示品质的，一般不宜同时采用两种或两种以上的表示方法，如同时采用凭规格和凭样品交货时，会给履约造成困难。此外，产品的包装也是品质的一部分，凡对其有特定要求的，一定要作明确规定。

**（四）查计量运用是否规范**。数量是合同的主要条款之一，也是合同当事人关注的重点。我们知道，在生产经营中"数"只有与特定的计量单位紧密结合在一起，才能准确地描述事物的数量特性；只有在有资格的主体主导下，采取科学的方法测量，才能得到与标的物相符的数量表达。令人遗憾的是，很多人对数量的关注更多的是关注数，而忽视计量。这里所说的计量规范运用有三个方面的含义：一是计量单位要规范，要采用法定的计量单位，不能采用打、包、捆、袋等不规范的计量单位。二是计量主体要规范，法律、法规有规定的，应由法定的单位进行计量；法律法规没有规定的，应由双方约定一方或第三方进行计量。三是计量过程要规范，对计量的时间、地点、工具、方式等应作明确规定。大宗货物和贵重货物这一点尤其重要，稍不注意就会有较大出入，造成不应有的损失。

# 三、"四审"避开执行陷阱

除解决合同的有效性，避开文字陷阱，准确表达约定事项之外，我们还要在宏观上对合同书进行整体审查，评估合同的可操作性，找出合同执行中可能出现的漏洞，采取必要的措施，扫清合同执行障碍，规避风险。

（一）**审当事人信用是否良好**。目前，人们在经营活动中越来越重视合作对象的信用。原因是有些单位或个人虽然有合格的资质，但由于经营理念或经营状况的变化，信用和履行合同的能力变差，也会给我们的经营活动带来严重后果。因此，我们在签订标的额较大的交易或需长期履行的合同时，一定要对对方的信用进行审查。一要到工商、税务、银行等单位调查对方的资信记录；二要考察对方的经营状况，看其有无履约能力；三要看其与其他单位的合作情况，看其履约信用。一旦发现对方存在信用问题应立即终止合作或采取必要的风险防范措施。

（二）**审要素是否齐全规范**。合同要素分为形式要素和内容要素，前者指在结构上的标题、约首、正文、生效标志、附件等部分；后者指合同法规定必须写明的标的、数量、质量等8项主要条款。不管是哪一种，都要求要素齐全规范。在审查合同书要素时以下四个方面要特别注意：一是要注意合同书、协议书与意向书的区别，不得用意向书代替合同书、协议书；二是当事人的名称、姓名、住所要与法定文件上的对应信息、合同成立标识保持一致；三是签约地点要注明，因为我国民事诉讼法第 25 条规定合同当事人可以选择合同签订地作为诉讼管辖地，为合理处理合同纠纷增加了一种选项；四是合同附件是合同的组成部分，与合同正文具有同等法律效力，如与正文分开装订，应在显要位置注明其归属并由合同当事双方做上标识。

**（三）审责任界限是否清晰**。签订合同的主要目的是明确双方的权利和义务。我们在审查一些合同文本时，发现它看起来要素齐全，双方的权利和义务似乎也很清晰，但由于没有很好地从执行的角度去表述，造成双方的责任界限不清晰或存在间隙，影响了合同的履行。如一则合同将交货地点表述为："该项货物由乙方运至武汉"。甲方在武汉的总部只有办公场所没有仓库，下属的 20 多个营业场所分布在武汉各区，致使乙方不知货物该运往何处。沟通过程中，甲方要求乙方分送，乙主认为分送运费过高，坚持送往一处，从而引发纠纷。合同中这类责任不清的情况在合同履行期限、地点和方式，违约责任，解决争议等条款的表述中很容易发生，一定要从执行的角度出发进行仔细审查。

**（四）审防范措施是否到位**。为了降低合同风险，我们可以采取一些必要的方法减少合同不能正常履行带来的损失。因此，对于标的额较大的合同，我们要审查防范措施是否到位。常见的方法有收取定金、订金、违约金，要求保证，提供抵押、质押等等。人们在长期的实践中总结出的一些方法也值得我们借鉴：一是化整为零法，将标的额较大的合同分几次履行，分散风险；二是分步法，根据交货方式、付款期限等将合同有计划、有步骤地分解为对等的几个"子合同"，一旦对方未按期履约，即可及时终止或变更合同；三是同向法，即在向外阜发货（汇款）时保持发货（汇款）人与收货（收款）人一致，如果对方毁约，由于所有权未转移，不会造成较大损失；四是约定条件法，对合同的效力约定附条件。附生效条件的合同，自条件成就时生效。附解除条件的合同，自条件成就时失效。

# Part 3

附录

# 模拟法庭实训课程实施方案

模拟法庭教学是指在教师的指导下，由学生扮演法官、检察官、当事人、律师以及其他诉讼参与人等不同诉讼角色，按照严格的诉讼程序再现法院庭审过程的一种教学活动。模拟法庭是法学专业学生必不可少的一门实践必修课。为了规范模拟法庭教学，促进模拟法庭教学的开展，依据学院内有关规定，制定本实施方案。

## 一、教学任务和目的

模拟法庭是在课堂教学的基础上开设的实践性教学课程。是在检验科唐教学效果应用理论知识，锻炼实际操作能力。进一步培养和提高学生的法学专业知识和专业能力。通过模拟法庭的实践活动，使学生了解诉讼过程，熟悉审判程序，掌握民事诉讼法、刑事诉讼法、行政诉讼法的基本原则和基本制度，正确适用相关的实体法，锻炼辩论技巧，提高实际分析问题、认识问题、解决问题的能力，为法学理论的进一步学习成为应用型人才奠定良好的基础。

1.了解诉讼过程，熟悉审判程序。

2.掌握民事诉讼法、刑事诉讼法和行政诉讼法的基本原则和基本制度。

3.正确适用民事、刑事和行政等实体法。

4.锻炼学生的思辨能力和表达能力，锻炼辩论技巧。

5.培养法律人必需的思维方法和能力。

# 二、模拟法庭教学计划

模拟法庭开课学期为第3、4学期，总32学时，第4周开始启动，第13周前结束。指导教师为两名以上，应于上学期末确定。指导教师应于学期初拟定好实训计划，实训计划包括场次安排、选用案件、实训进度等。

# 三、模拟法庭实训操作流程

## （一）前期准备环节

### 1.案件的选择

案件的来源有 a. 政法学院案例库资源；b. 教师办案资源；c. 网络资源等。案例库资源和教师办案资源是模拟法庭案件主要来源，但须注意的是应只让学生接触最基本的事实证据材料，尽可能避免让学生事先接触起诉书、庭审笔录等诉讼材料，以防止学生过分依赖原始资料，影响其主观能动性的发挥。网络上的热点问题是案件来源的重要来源，教师可根据需要对案情作适当的变动以更适应模拟法庭教学实践的需要。

案例的选择上教师要把好关，不能让学生抄袭网上的模拟法庭剧本。具体案情设计由学生进行，但指导教师应指引学生围绕以下几个方面展开：a. 案情涉及的证据问题。整个案情的设计应考虑到证据种类、证据规则、证明标准、证明责任等问题，以便于提高学生运用证据的能力。b. 案情涉及的程序问题。流程应尽可能反映一些重要的诉讼制度，比如管辖异议、回避申请、诱导性问题认定等，从实际操作当中意识到程序正当的必要性和重要性。c. 案情涉及的实体问题。所选案件无论是事实还是适用法律上都应该存在一定的争议点，让案件双方都有话可说，有理可讲，从而激发学生的热情和兴趣，达到在对抗中提高能力的目的。

### 2. 班级分组和角色分派

每组成员控制在 15 到 20 人之间，以保证每个学生都能参与活动为宜。分组后，指导教师确定庭审人员名额，在角色分派时，先让学生选择自己感兴趣的角色；然后根据学生的特长等以先民主后集中的方式将其分为不同的模拟法庭组，如合议庭组、原告与代理律师组、被告与代理律师组、证人组、书记员等辅助人员组等，然后指导教师大致讲解每一组具体工作和拟达到的目的，各组学生分头组织准备。

（注：角色分配表见附件一，可根据实际情况改动）

### 3. 庭前诉讼活动以及准备

应根据诉讼程序顺序，做好代理授权委托、起诉和受理、诉讼文书的送达、证据交换等工作，整个过程可借助政法论坛网络平台完成，力求做到规范化。除了庭前诉讼程序要求的文书制作外，还应要求学生准备好庭审所需的相应诉讼文书，如起诉书、公诉词、辩护词、代理词等。同时，为了使同学们对庭审程序有一个更清晰、全面、完整的认识，还可组织同学观看庭审录像，有条件时还可组织学生到法院旁听实际庭审，弄清庭审程序。

（注：模拟法庭录像硬盘资料存放于办公室主任处。）

### （二）开庭审理环节

开庭审理环节是对真实的法庭审理做一次全程的演示，让学生现场感受法律程序和法律适用的基本方法。具体步骤如下：

1.开庭前夕，学生应该邀请学院2到4名点评老师，条件允许的情况下，还可邀请校外的律师、法官、检察官嘉宾参加。

2.在开庭三日前，应当公告当事人姓名、案由和开庭的时间、地点。

3.开庭前，学生应提前将服装、标牌、摄影设备等借出，并将模拟法庭布置好。

4.正式开始前，主持人向嘉宾老师分发记录用的笔纸和成绩初评表，后勤人员做好庭审拍摄工作。

5.开庭审理的过程严格按照法定程序和要求进行，指导教师在庭审过程中处于旁观者的角色，对于学生的错漏之处不宜当场指正，只需将所存在的问题记录就可，在点评与总结教学环节，进行指正。

6.嘉宾老师根据学生临场表现给出初步成绩。

（注：1.服装、标牌、摄影设备的借用手续请联系办公室主任办理；2.学生庭审成绩单见附件一）

### （三）总结评议环节

模拟庭审结束后，应组织进行总结评议。评议可采取旁听同学评议、学生自评及嘉宾老师点评三种方式。评议的主要内容是：案件所涉及的实体法律规范及相关程序法律规范的运用，模拟法庭实践教学组织情况及模拟法庭实际效果等。评议应注重总结模拟庭审中存在的问题及需要改进与完善之处，使模拟法庭教学不断完善，达到巩固学生的法学知识，培养实践能力，提高综合素质的目的。

每位学生应于庭审结束后的十天内向指导教师提交"模拟法庭"个人总结，个人总结不少于1000字。

### （四）材料归档环节

整个模拟法庭活动当中产生的原始材料都应该一律整理装订好，归档保存。这些原始材料至少应该包括案情简介、角色名单、诉讼文书、证据材料、讨论记录、庭审笔录、成绩评定等，另外应每场活动的录像资料也要拷贝保存入硬盘。

# 四、成绩评定

指导老师参考嘉宾老师的初评成绩，根据各位学生参与情况、庭审表现、总结等，确定学生的最终成绩。学生有下列情况之一的，个人成绩为零：

1. 未参与模拟法庭活动的；
2. 未提交个人总结的；
3. 个人总结抄袭别人的。

**附件一**

_____ 级法学 _____ 班第 ____ 场模拟法庭活动
角色及评分表

| 时间 | 年 月 日 | | 地点 | | |
|---|---|---|---|---|---|
| 案由 | | | | | |
| 指导老师 | | | | | |
| 嘉宾老师 | | | | | |
| 角色分工及评分 | | | | | |
| 角色 | 姓名 | 评分 | 角色 | 姓名 | 评分 |
| | | | | | |
| | | | | | |
| | | | | | |
| | | | | | |
| | | | | | |
| | | | | | |
| | | | | | |
| | | | | | |
| | | | | | |
| 第一组整体表现评分： | | | | | |

**注**：案件角色名称可根据案件具体情况进行灵活调整

**附件二**

政法学院模拟法庭检查记录表

| 序号 | 检查项目 | 检查内容 | | 检查结果 |
|---|---|---|---|---|
| 1 | 安全制度 | 1.空调风扇等电路设备是否关闭？ | | |
| | | 2.多媒体设备是否关闭？ | | |
| | | 3.门窗是否关闭锁牢？ | | |
| 2 | 环境卫生 | 垃圾杂物是否清除干净？ | | |
| 3 | 借用设备 | 1.法官检察官服饰 | 借用时间 | |
| | | | 归还时间 | |
| | | 2.法槌标志牌 | 借用时间 | |
| | | | 归还时间 | |
| | | 3.摄录设备 | 借用时间 | |
| | | | 归还时间 | |
| 借用时间 | | 年　月　日　时 | | |
| 借用事由 | | | | |
| 借用人 | | 联系电话 | | |

检查情况及建议：




检查人（签名）：　　　　　　　　　　　　时间：　　时


**注**：检查情况及建议，根据安全检查表所列检查内容填写

**附件三**

政法学院模拟法庭实验记录

| 借用人 | 姓名 | | 所在班级 | | 电话 | |
|--------|------|--|----------|--|------|--|
| 时间 | 年 月 日 时 分至 时 分 | | | | 地点 | |
| 案由 | | | | | | |
| 活动班级 | | | | 指导教师 | | |
| 特邀嘉宾 | | | | | | |

活动内容记录：

检查人（签名）：　　　　　时间：　　时

**注**：1. 若空间不够用，可另附纸，并装订在一起。

2. 本表格应在活动结束后一个星期内提交教学秘书保存。

# 政法学院《法律文书写作》等课程
# 远程调查结果

　　《法律文书写作》、《公文写作》是两门实践性极强的法学专业限选课程。从教以来，本人多次担任法学专业该课程的教学工作，为了总结经验，查漏补缺，促进课程的实践建设，本着教学相长的原则，在政法学院领导的大力支持以及法学专业教师的鼓励和帮助下，2016 年 5 至 6 月，针对 2000级以来法学专业且正在从事法律相关工作的毕业生，开展了政法学院《法律文书写作》、《公文写作》课程教学远程追踪调查。本次调查共发出调查问卷 200 份，收回 200 份，调查区域涉及广东省 18 个地级市，涵盖珠三角及粤东粤西两翼。

　　问卷对象工作的年限为：30% 的为 3 年以下；40% 为 3-5 年；30%5-8 年。

　　经常撰写的公文文种有：

　　讲话稿，演讲稿，工作总结，工作计划，意见，通知，通报，请示，调查报告，会议纪要，报告，述职报告，开幕词，闭幕词，函，经验介绍，启事，倡议书，公报，慰问信，感谢信，决议，决定，批复，规章制度，学术论文，可行性研究报告，政务信息，公告，工作方案，建议书，证明信，会议记录。

经常撰写的调查表中未列出的文种有：

情况说明书，一般征文，宣传栏目简报，工程应标报价，汇报提纲，情况汇报等。

感到写作难度较大的公文文种有：

讲话稿，演讲稿，工作总结，工作计划，通知，通报，调查报告，述职报告，开幕词，闭幕词，祝词，函，经验介绍，推荐信，公报，慰问信，规定，决议，决定，批复，规章制度，学术论文，可行性研究报告，工作方案，建议书。

感到写作难度较大的未列出的文种有：

市委市政府专报、检委会案件报告等。

工作中您经常撰写的法律文书有：

呈请类文书，民事起诉状，民事上诉状，民事答辩状，刑事上诉状，代理词，辩护词，申请书，律师函，合同，见证书，处罚文书，执法文书，裁决书，调解书，笔录，法律意见书，工作报告，合作协议，经济文书，公证文书，委托书，抗诉书，审查终结报告，立案请示报告，侦查终结报告，侦查计划，案件审查报告，答复函，初查结论，移送审查起诉意见书，情况汇报等。

工作中您感觉写作难度较大的法律文书有：

代理词，辩护词，优秀的调查笔录，函，裁决书，合同，法律意见书，执行书，合作协议，审计文书，评审法律文书，仲裁法律文书，报告类文书，上诉状，侦查终结报告，调研报告。

问卷对象希望在以下写作能力的培养上在课堂上得到加强：

基础理论；法定公文写作；事务公文写作；法律文书写作；新闻写作；写作规范与技法；演讲稿写作；日常应用文例释。

问卷对象希望《法律文书写作》、《公文写作》课程如下环节得到加强：

法律文书写作理论；写作知识与写作技法相结合的文章点评；具有直接借鉴价值的例文点评；改评结合的文章点评；结合例文探讨写作方法的文章点评。

部分学生对《法律文书写作》、《公文写作》课程教学，在调查表之外提出详尽的建议或意见。

# 某全国百佳律师事务所面试题目

　　某同学大四，法律本科学生，给某百佳律师事务所发去自己的求职意向（律师助理）及简历后，该律师事务所回复时给了38个问题要求作答，并提到"所有问题的回答应当以你的真实感受、真实想法如实作答比较稳妥，以免引起误会，尤其要强调的是这些回答会被用来对照你录用后的言行"。如果诸君有兴趣，可以看看到底是些什么问题：

　　1．说说你的职业规划及依据是什么？你怎样看待自己未来5年内的赚钱能力？你是希望平稳度过人生还是充满激情地度过人生？

　　2．概括地说你自己的性格有哪些特点？你认为你是一个挑战型的还是稳健型的性格？你的好友怎样评价你？

　　3．你对自己勤劳和认真程度做怎样的评价？

　　4．你看过哪些律师学方面的书籍？最推崇哪本？有何重要观点？

　　5．你认为律师职业理想的境界是什么样的？

　　6．你希望指导你工作的律师是什么样的？是否知道他的相关情况？

　　7．若一个重要客户代表的亲人在京住院需要护理又找不到合适的护工，如果被安排照料一段时间，你能否顶一阵、多长时间？

　　8．你的英语听说读写到了什么程度？直接参加涉外谈判、起草、修改英文合同或其他法律文书有困难吗？

9. 请你全面阐明律师助理的职责是什么？你当律师助理能做到哪几点？

10. 你对律师及助理们经常加班、经常到艰苦地区整月地出差是怎样看的？你婚姻中（或未来）的另一位是否能支持你这样工作？他（她）在哪里？从事什么工作？

11. 详细介绍家庭成员的职业、年龄等基本情况。

12. 你认为什么样的薪酬模式最有利于调动律师助理的工作积极性？

13. 你认为你会在什么样的工作单位一直留下去？

14. 你最大的长处和弱点各是什么？这些长处和弱点对你产生过什么样的影响？

15. 你的出生地？十八岁前主要生活在哪几个地方？乡村还是城市？

16. 你打算干律师助理多长时间？如果签约你认为什么期限合适？

17. 你是否了解律师助理的薪酬水平？你要求的薪酬多少？

18. 当你确信自己是正确的，但是与你的上级的意见不一致，你会怎样做？

19. 在京工作你的住房是怎样安排的？

20. 目前假若你需要一个电脑软件，而你可以买到盗版也可以买到正版，使用功能上两者又没有区别，价格相差几千元，你会买哪种？

21. 你与人相处的原则是什么？你认为自己是否善于与陌生人交往？

22. 你对人生、事业、婚姻、友情是如何理解的？对待的态度？重要性的排序？

23. 如果你中奖得到十万元你会怎样安排（均要列明具体数字计划）？百万元、千万元呢？中一辆宝马车呢？

24. 如果你被指派制作一份综合律师业务的营销计划，你会提供什么要点？

25. 你周围的人群中，对你影响最大的人是谁？为什么？对你影响最大的事件是什么？

26. 有生以来，使你最高兴的事情是什么？你受到的最大挫折是什么？

27. 在成年以后，哪些成就给你带来很大程度的满足？你的特长是什么？最擅长做什么工作？

28．你认为自己能考上大学是天赋多一些还是勤奋多一些？

29．你最近一次体检是什么时间？检查结论及自我感觉的健康状况如何？

30．你目前最大的愿望是什么？你目前最大的物质愿望是什么？你最想购置的商品是什么？

31．你目前的时间是否比较宽裕？若有一个月的空闲你会干什么？三个月呢？

32．如果你到一个律师事务所当某个律师的助理，但有一个月的时间律师没有安排你的工作内容，你会如何打发这段时间？

33．说说你对司法考试的评价及你目前的考试时间及分数。

34．你此前的工作单位是哪些？离开的原因是什么？你在找工作时最看重的是什么？

35．如果被录用，你何时能上班？如果是实习每周能全职几天？

36．网络上有多种心理年龄测试的软件，你测试的心理年龄约是多少？（如果没试过就请测试一下）

37．有个辩论比赛的议题是"婚外情现象是否具有合理性"，请以正、反两方的身份分别阐述观点并予以简要论证。（能力测试题）

38．如果有时间并有兴趣，请在网上找一份普鲁斯特问卷并作答后一并提交。

# 《法律文书写作课程设计》教学大纲

## 一、教学的性质、目的与任务

　　法律文书是实施法律的一种重要载体，《法律文书写作》是高校法律学科的重要组成部分，是一门综合性的法律应用学科。早在 1986 年 6 月国家司法部发布的《关于司法部部属政法院校法学专业本科学时教学方案（试行）》中就明确规定法律文书为法律专业必修的专业基础课程之一。法律文书的写作能力，是法律学科人才必备的一种重要能力。法律文书写作现已成为国家司法考试的必考内容。教学的任务：首先奠定法律文书基本概念、基本理论、基本知识，即"三基本"，突出法律文书中的重点、难点和疑点，打破已往的"概念－格式－写法"的传统教学模式，以既有政法学院实践课程开发与建设为基础，以法律援助中心、模拟审判实验室为依托，在案例教学法基础上深入法律诊所教学，适度加强法律文书写作练习力度。

# 二、教学的基本要求

法律文书的制作是法学专业学生重要的专业技能，要求学生掌握法律文书的概念特点、分类、制作程序和法律文书制作的基础理论。系统的掌握各种法律文书的法律依据、运用范围、写作方法和格式要求，能熟练的根据所提供的案件素材和相关的案例资料规范地制作各种法律文书。

# 三、课程设计内容

**1. 学习能力的提升**。从《法律文书写作》课程教学的角度，让学生在法律文书写作中学到一种以不变应万变的方法，即不管格式如何变化，学生都可以根据所学到的知识写出合格的文书。

**2. 培养学生适应司法实践的能力**。通过分析案例使学生把学到的法律知识和法律文书写作结合到一起，一方面加深了学生对以前专业知识的记忆和理解，另一方面立足法律的角度分析法律文书材料的要素，使法律文书的教学不再是枯燥和乏味的，更为主要的是让学生学会了一种方法。

**3. 法律知识体系的优化**。法律运行的流程是"实体法－程序法－法律文书"，徒法不足以自行，法律的实施要依靠国家机器，而后者保障和体现法律实施最主要和最直接的表现形式就是法律文书。实体法是规定社会秩序行为的法律规范的总和，是解决实际问题的，它本身无法施行，只能借助于程序法，程序法是施行法律之法，没有程序法，实体法就无从施行。而每进行一个诉讼程序，都必须以一定的文书形式予以记载，作为文字凭证。从这个意义上说，法律文书是推动诉讼程序和诉讼活动，记录诉讼过程和结果的载体。因此法律文书教学必须是在学生熟练掌握法律基础知识，学好程序法的情况下进行。

**综上，通过实践教学旨在学生逻辑思维能力的提升。**众所周知，自亚里士多德以降，系统的逻辑思维成了各个学科"科学"的基础之一。然而，逻辑本身在其发展的一开始及过程中也遇到困难，最为显著的是各种悖论。为克服这些涉及学科基石的困难，逻辑学家们针对具体的困难提出各种理论。为建立其数理逻辑，罗素提出的"类型—分层"理论在逻辑学和数学领域具有相当的应用价值。对于解决法律推理和法律文书写作中的许多困境，这一理论同样具有启发意义。虽然自霍姆斯的《普通法》以来，"法律的生命不在于逻辑，而是经验"成了英美法律格言。但逻辑是基础，任何一个学科都不可能离不开逻辑，霍姆斯只是强调逻辑不能解决法律的所有问题。法律推理中的悖论，以及与课程相关的大量法律文书的写作广泛涉及，而且在学生工作以后的司法实践中要经常面对，这些问题或多或少已经为法学工作者所论述和说明，因此在法律文书教学中对课堂教学进行改革十分必要。

# 四、课程设计方式与安排

| 序号 | 实 践 内 容 | 要 求 | 学时 |
|---|---|---|---|
| 1 | 法律文书基础理论的概括和掌握 | 根据《法律文书学》、《实训教案》提供的资料，分组进行概括学习并要求掌握 | 2 |
| 2 | 分析讨论具体法律文书的格式、制作方法和注意事项 | 分析讨论切实熟练掌握具体法律文书的格式、制作方法和注意事项 | 10 |
| 3 | 根据所提供的案件材料和案例素材独立制作相应的法律文书 | 熟练的根据所提供的案件素材和相关的案例资料规范地制作各种法律文书并上交文本作为实训报告。 | 20 |

# 五、课程设计报告

运用案例分析法、讲授法、分层理论等教育教学方法，结合政法学院案例库，加大学生习作练习数量，讨论分析各种法律文书的法律依据、运用范围、写作方法和格式要求，熟练根据所提供的案件素材和相关的案例资料现场规范地制作各种法律文书。

# 六、成绩考核与评定

1. 考核方式：考查
2. 成绩评定

各项实训分别占期末总评成绩的 10%，所有实训项目共占期末总评成绩的 40%，其中每项实训分别按实训态度、掌握法律知识程度、运用法律知识水平、实训效果等分别给出优、良、中、及格、不及格五级分数，分别按 9 分、8 分、7 分、6 分、5 分的标准换算为百分制，四项实训成绩之和作为期末实训总评成绩。

# 七、教学指导书及主要参考书

1. 周道鸾：《法律文书格式及实例点评 ( 第 2 版 )》，中国人民大学出版社，

2014 年 5 月第 1 版。

2.北京万国学校编著：《国家司法考试案例·文书·论述 108 例》，中国人民大学出版社 2014 年 5 月第 1 版 。

3.高云：《思维的笔迹 ( 上 ):法律人成长之道》法律出版社 2013 年 2 月第 1 版。

4.高云：《思维的笔迹 ( 下 ):实战案例训练》，法律出版社 2014 年 2 月第 1 版。

5.宁致远：《法律文书学 ( 第 6 版 )》，中国政法大学出版社 2011 年 8 月第 6 版 。

# 参考文献

1. 陈冰编：《程序、正义与现代化》，中国政法大学出版社1998年版。

2.（法）孟德斯鸠著，张雁深译：《论法的精神》，商务印书馆2005年版。

3.（意）贝卡利亚著，黄风译：《论犯罪刑罚》，中国方正出版社2004年版。

4. 胡建淼主编：《公权力研究：立法权 行政权 司法权》，浙江大学出版社2005年版。

5. 张文显主编：《法理学》，法制出版社2007年版。

6. 胡建淼主编：《论公法原则》，浙江大学出版社2005年版。

7. 蒋慧玲主编：《司法公开理论问题》，法制出版社2012年版。

8. 沈达明编著：《比较民事诉讼法初论》，中信出版社2013年版。

9. 郭卫华主编：《网络舆论与司法审判》，法律出版社2010年版。

10. 韦锋主编：《法律文书写作学》，中国政法大学出版社1998年版。

11. 徐昕主编：《司法的知识社会学》，厦门大学出版社2008年版。

12. 左卫民著：《在权利话语与权力技术之间》，法律出版社2010年版。

13. 肖晖著：《中国判决理由的传统与现代转型》，法律出版社2010年版。

14. 喻中著：《乡土中国的司法图景》，法制出版社 2012 年版。

15. 葛洪义主编：《法律方法与法律思维》，中国政法大学出版社 2002 年版。

16. 潘维大、刘文琦著：《英美法导读》，法律出版社 2008 年版。